W0368378

Stefan Wagner

Viel Erfolg beim Misserfolg

Die 5 besten Fehler in Ihrem Business

Stefan Wagner

VIEL ERFOLG BEIM MISS-ERFOLG

Die 5 besten Fehler in Ihrem Business

1. Auflage
Copyright © 2020 by Seifert Verlag GmbH, Wien

Umschlaggestaltung, Grafik, Illustrationen, konzeptionelle Mitarbeit: Michi Schwab
Projektmanagement: Jana Brajinovic
Alle: Union Wagner, 1030 Wien, www.unionwagner.at

Verlagslogo: © Padhi Frieberger

Druck und Bindung: CPI Books GmbH, Leck
ISBN: 978-3-904123-06-8
Printed in Germany

„Ich bin nicht gescheitert.
Ich kenne jetzt 1000 Wege,
wie man keine Glühbirne baut."

Thomas Alva Edison

„Die Wahrheit ist immer im Einfachen
zu finden, und nicht in der Vielfältigkeit
und Verwirrung der Dinge."

Isaac Newton

„Für das Können gibt es
nur einen Beweis: das Tun."

Marie von Ebner-Eschenbach

Mit besonderem Dank
an Günter, von dem ich
gelernt habe, dass Exzellenz
aus der Konsequenz
des Unkomplizierten
entsteht.

R
echts
sehen Sie:

die Pyramide
Ihres Scheiterns.

An ihr wollen wir
uns gemeinsam abarbeiten.

Sinnlosigkeit
Freudlosigkeit
Nutzlosigkeit
Pleite
Krankheit & Tod

Worum es in diesem Buch geht, und was Sie am besten damit anfangen.

Dieses Buch zeigt Ihnen einen Weg zu beruflichem Erfolg.

Das tun tausende andere Bücher auch.

Das Außergewöhnliche an diesem hier ist die Route. Sie führt über die Schattenseite zum Gipfel. Denn dieses Buch widmet sich Ihrem Misserfolg. Es beschäftigt sich mit den fünf wirkungsvollsten Gründen für Ihr nachhaltiges Scheitern, einem nach dem anderen.

Es kümmert sich um nichts anderes als um die fünf verhängnisvollsten Fehler, die Sie machen können.

Erwarten Sie auf den kommenden knapp 200 Seiten also keine Tour durch atemberaubende Panoramalandschaften der Inspirationen. Erwarten Sie Erwartbares, Bekanntes, Lästiges. Manchmal werden Sie sich ertappt, oft unterfordert fühlen, weil sich der Aufstieg so gar nicht nach Aufstieg anfühlt, sondern nach Mühen der Ebene.

Erwarten Sie Pflicht, nicht Kür.

Das liegt am wenig heldenhaften Helden dieses Buchs.

Denn dieses Buch handelt von Ihrem Misserfolg.

Misserfolg ist unglamourös, zäh, träge, traurig und langweilig. Er hat nicht mit Kreativität zu tun, sondern mit Checkliste. Nicht mit Fähigkeiten, sondern mit Defiziten. Misserfolg fordert nicht Ihre Talente, sondern Ihre Disziplin. Misserfolg will nicht gestaltet, sondern verhindert werden.

Außerdem hat Misserfolg den unglücklichen Hang, aus schrecklich banalen Gründen zu entstehen.

Sie sehen schon: So wenig Ihr Misserfolg als Held taugt, so fulminant gibt er den Antihelden.

Warum aber macht man einen Antihelden zum Helden eines Buchs?

Aus einem ganz einfachen Grund: Es gibt tatsächlich kaum eine solidere Grundlage für Ihren Erfolg, als sich Ihrem Misserfolg zuzuwenden und ihn systematisch zu bearbeiten.

Sie erhöhen die Chancen auf Erfolg im selben Maß, in dem Sie Ihre Chancen auf Misserfolg reduzieren. Das ist die Grundthese dieses Buchs. Sie geht damit kein allzu großes Risiko ein: Sie folgt einfach derselben Logik, nach der man überprüft, ob der Kübel dicht ist, bevor man Wasser reinfüllt.

Und viel mehr als das hat sich dieses Buch auch gar nicht vorgenommen. Es will einfach die fünf klaffendsten Löcher im Kübel Ihres beruflichen Erfolgs stopfen, eines nach dem anderen.

So ein Herangehen klingt nicht sehr ambitioniert. Aber ich arbeite seit Jahren an und mit dieser Methode, und in der Praxis entstehen aus konzentriertem, strukturiertem Verhindern und Vermeiden wie von selbst Orientierung, Klarheit und Dynamik. Wenn der Kübel ordentlich abgedichtet ist, ist er in sehr vielen Fällen zu zwei Dritteln schon befüllt, wie von Geisterhand.

Aber ich mag Ihnen da jetzt gar nicht zu viel versprechen, wir kümmern uns vorderhand wirklich nur ums Löcherstopfen.

Warum Sie dieses Buch nicht lesen sollten ...

Der Grund bin ich. Ich bin der Autor. Ich heiße Stefan Wagner, geboren 1968, seit 1989 Journalist und Autor, seit Mitte der 1990er auch Werber.

Sie werden jetzt sagen: Das ist kein Berufsweg, der jemanden qualifiziert, wesentliche Fragen des Lebens belastbar zu beantworten. Damit haben Sie recht. Aber erstens werde ich Ihnen ohnehin vor allem Fragen stellen, das habe ich in den vergangenen 30 Jahren ausgiebig geübt, das kann ich.

Zweitens bringt mein Beruf das Privileg mit sich, dass man seine Fragen Menschen stellen darf, die kluge Antworten geben. Und über die Jahre verwächst die Gesamtheit der klugen Antworten mehr oder weniger zwangsläufig zu Erkenntnissen, vor allem wenn man immer wieder Antworten auf dieselbe Frage sucht.

In meinem Fall war es die Frage nach einer allgemeingültigen Mechanik des Erfolgs. Ich wollte wissen, ob es irgendwas gibt, das Menschen in dem, was sie tun, erfolgreich macht. Ob eine Art roter Faden des Erfolgs jene Sportler, Politiker, Künstler, Manager und Unternehmer verbindet, die sich durchsetzen. Ob man, wenn man diesen einen Faktor isoliert hat, Erfolg vielleicht sogar vorhersagen, ob man einen Weg zum Erfolg planen kann.

Irgendwas, dachte ich, müssen doch die Menschen gemeinsam haben, denen Dinge gelingen. Es muss doch einen Grund geben, warum manche junge Sporttalente zu Weltstars werden, während andere im Sport scheitern, aber dafür großartige Unternehmer oder tolle Manager werden? Und sich wiederum andere, oft sogar herausragend Talentierte, später verbittert irgendwie in unteren Ligen über Wasser halten oder als Sozialfälle enden?

Es muss doch einen Grund geben, dachte ich immer, warum das eine neue Getränk auf dem Markt, das alle Fachleute für eine idiotische Idee halten, ein Welterfolg wird, während das andere Getränk, hinter dem eine clevere Idee und ein schlüssiges Konzept stehen, einfach nur ein paar mutige, talentierte Gründer arm macht?

Einen Grund, warum das eine neue Medienprojekt Millionen begeistert und das andere Millionen kostet?

Es muss doch einen Grund geben, warum manchen Leuten mit offenbar ziemlich überschaubaren Talenten alles zu glücken scheint und anderen, Brillanten, Strukturierten, Begnadeten, Fleißigen, gar nichts?

Die Erkenntnis, die ich in ungefähr drei Jahrzehnten gewonnen habe, mag auf den ersten Blick nicht besonders befriedigend sein:

Niemand kennt den Grund.

Ich vermute, das liegt daran, dass es einfach keinen gibt. Dass Erfolg zu vielfältig, zu vielschichtig und einzigartig ist, um sich durchleuchten zu lassen. Egal, was man tut, was man weiß und kann, der Weg zum Erfolg bleibt ein Vorwärtstapsen im Modus von Versuch und Irrtum.

Da ist Misserfolg ganz anders. Misserfolg ist einfältig. Er ist berechenbar. Das macht ihn reproduzierbar.

Und was sich reproduzieren lässt, lässt sich doch auch verhindern.

... und warum vielleicht doch.

Es gibt drei Gründe, dieses Buch doch zu lesen.

Der erste sind Leute wie Niki Lauda, Wolfgang Eder und Lindsey Vonn, Andre Agassi und Stefanie Graf, Andreas Treichl, Travis Pastrana, Marcel Hirscher, Thomas Morgenstern, Günter Faltin, Thomas Muster, René Prêtre, Gregor Schlierenzauer, Jean-Claude Biver, Tim Raue, Felix Gottwald, Mutaz Barshim, Dominic Thiem, Reinhold Messner, Aksel Lund Svindal und viele mehr, die ich über die Jahre interviewen, und Günther Mader und Günter Bresnik, deren Bücher ich schreiben durfte.

Sie alle haben Kluges, Überraschendes und Überzeugendes parat, wenn man sie nach den großen Wahrheiten des Erfolgs und des Misserfolgs fragt, und viel davon ist in irgendeiner Weise in dieses Buch geflossen.

Ein zweiter Grund, warum es lohnen mag, dieses Buch zu lesen, sind die Unternehmerinnen, Unternehmer und Unternehmen, die ich mit den Leuten in meiner Agentur (Union Wagner, Wien) betreuen darf. Darunter sind globale Getränkekonzerne aus Österreich und Großbritannien und große deutsche Unternehmen der Infrastruktur und Telekommunikation ebenso wie Start-ups, Winzer, Kreative und Gastronomen. Die meisten von ihnen sind sehr erfolgreich, und in diesem Buch steckt viel von ihrem Wissen, ihren Erfahrungen und ihrem Geschick. (Als Werbeagentur lernt man ja grundsätzlich mehr von seinen Kunden als umgekehrt.)

Ein dritter Grund ist das Glück, dass mich vor ungefähr 25 Jahren eine einigermaßen rätselhafte Krankheit zu plagen begann. Nichts Lebensbedrohliches, aber schmerzhaft genug, um die grundsätzlicheren Themen ernsthafter anzugehen.

Die Krankheit brachte mich dazu, mich mit dem Funktionieren des menschlichen Körpers, des Geistes und der Seele zu beschäftigen, und wie das alles zusammenhängt. Heute bin ich das, was man einen „Biohacker" nennt, und ich bin symptomfreier, als ich das aus schulmedizinischer Sicht sein dürfte.

Dass mir das gelungen ist, ist nicht zuletzt Dutzenden Leuten zu verdanken, die den Schatz ihres unglaublichen Wissens in Büchern, Podcasts, Workshops und Blogs weitergeben, darunter Dave Asprey, Ben Greenfield, Wim Hof, Siim Land, Alex Ikonn, Alexander Wunsch und, wirklich, viele, viele mehr.

Wenn Ihnen in diesem Buch also etwas begegnet, das nach Erkenntnis, Hinweis, Anregung oder Ratschlag aussieht, dann ist es höchstwahrscheinlich geklaut und stammt von Personen vom Rang jener, die auf dieser Seite erwähnt wurden.

Wenn Ihnen in diesem Buch eine Frage oder etwas Fragwürdiges begegnet, stecke ziemlich sicher ich dahinter.

Von Ihnen kommen die Antworten, die dieses Buch gibt.

Ihre Antworten sind das Wichtigste in diesem Buch.

Ihre Antworten tragen dieses Buch. Sie entscheiden darüber, ob es die Zeit und Mühe wert ist, die es Ihnen abverlangt, und wenn Sie unterwegs einmal stocken sollten, dann fragen Sie vielleicht bei Frau Ebner-Eschenbach von Seite 7 nach, was jetzt zu tun ist.

Noch ein paar schnelle Sachen zum Praktischen, bevor wir loslegen

Dieses Buch ist schmal. Wenn Sie es drauf anlegen, sind Sie in zwei, drei Stunden durch. Dann bringt es Ihnen aber nichts. Dann liefert es Ihnen einfach ein paar zusätzliche Informationen, mit denen Sie nichts anfangen.

Dieses Buch hat den Ehrgeiz, Sie auf einem Weg zu begleiten, Stufe für Stufe, und wie das mit Stufen so ist: Die nächste will erst angegangen werden, wenn die vorige bewältigt ist. (Das erste Kapitel, das mit Abstand wichtigste und umfangreichste, darf Sie zum Beispiel durch fünf Wochen begleiten.)

Dieses Buch verlangt nicht viel von Ihnen. Sie brauchen, um es zu Ihrem Vorteil zu nutzen, nur ein wenig Bereitschaft, sich auf unkomplizierte Gedanken und einfache Aufgaben einzulassen. Und sich ihnen offener und ernsthafter zu widmen, als sich das im ersten Moment angenehm anfühlt.

Wenn Sie dann noch ein paar Zettel Papier, einen Bleistift und immer wieder ein wenig Zeit und Muße erübrigen, werden Sie am Ende dieses Buches wissen, wie Misserfolg für Sie aussieht, und wie Sie ihn ziemlich effektiv verhindern können. Sie werden auch Ihre professionelle Identität gefunden haben, die solideste Grundlage für jede Art von wirkungsvollem Marketing und zielsicherer Werbung.

Sehr vieles in diesem Buch ist, für sich gesehen, selbstverständlich, meine

Fragen an Sie erheben keinen Anspruch der Kreativität oder gar Genialität, und Sie werden bald sehen, das ist nicht kokett gemeint.

Die Qualität dieses Buchs liegt darin, was Sie damit anfangen.

Wir sind, wie gesagt, auf der Schattenseite unterwegs, aber wenn Sie's mit Frau Ebner-Eschenbach halten, dann führt der Weg erstaunlich weit nach oben.

Das kann ich Ihnen versprechen.

Diesem Buch folgt übrigens ein zweites, es heißt ebenfalls „Viel Erfolg beim Misserfolg" und handelt vom Aufbau einer Marke, von Kommunikation und Werbung. (Also von den Dingen, die ich eigentlich beruflich tue.) Auch dort werden wir uns an Ihren fünf größtmöglichen Fehlern entlanghanteln.

Die beiden Bücher funktionieren unabhängig voneinander, aber ich wäre ein ungeschickter Werber, würde ich Ihnen das verraten.

Daher: Kaufen Sie unbedingt auch Buch zwei, es ergänzt das vorliegende auf fulminanteste, beinahe magische Weise.

Jetzt geht's aber los. →

Die fünf
wirkungsvollsten
Gründe für
nachhaltigen Misserfolg
bauen aufeinander auf.

D
as läs
st sich a
m schlüssigsten a
ls Pyramide abbilden.

Wir fangen unten an,
weil sich da am grundsätzlichsten,
wirkungsvollsten und nachhaltigsten
scheitern lässt. Dann scheitern wir uns
Ebene für Ebene nach oben.

Kapitel 1

Sinnlosigkeit

Freudlosigkeit

Nutzlosigkeit

Pleite

Krankheit & Tod

Nicht immer der direkteste, definitiv nicht
der schnellste, aber der absolut sicherste Weg
zum beruflichen Misserfolg:
Lassen Sie es sich nicht gut gehen.
Ihrem Körper, Ihrem Geist, Ihrer Seele.
Ich vermute, Sie sind dabei auf gar
keinem so schlechten Weg.

Jetzt sind Sie gefragt, und Ihr Bleistift.

Am Anfang jedes Kapitels stelle ich Ihnen eine Frage. Je spontaner und ehrlicher Ihre Antwort ausfällt, desto mehr Nutzen bringt sie Ihnen.

Anschließend versuche ich, Ihre Antworten herauszufordern, mit Gedanken und Informationen.

Am Ende jedes Kapitels wiederhole ich die Frage, vielleicht haben Sie ja unterwegs Lust gekriegt, Ihre ursprüngliche Antwort zu überdenken.

Das Ganze machen wir fünfmal.

Die Kapitel sind der Wichtigkeit nach gereiht, das erste ist das wichtigste.

Bin ich die beste Version meiner selbst?
Nutze ich alle meine Talente,
Potenziale und Anlagen?

1 — 2 — 3 — 4 — 5 — 6 — 7 — 8 — 9 — 10

Definitiv: Nein. | Absolut!

Und werde ich, wenn es so
weitergeht wie jetzt, in 5, 10, 15 Jahren
besser drauf sein als jetzt?

1 — 2 — 3 — 4 — 5 — 6 — 7 — 8 — 9 — 10

Wie soll das gehen? | Garantiert.

Bin ich körperlich, geistig und
seelisch fit genug, um ohne
Einschränkungen die Leistungen zu
erbringen, die zum Erfolg führen?

1 — 2 — 3 — 4 — 5 — 6 — 7 — 8 — 9 — 10

Es ist ein täglicher Kampf | Jederzeit!

1/1

Sie können alles besser, als Sie glauben.

Erste Buchsätze haben ja besonderes Gewicht, deshalb beginnen wir gleich mit dem wichtigsten Satz des ganzen Buchs:

> Sie werden in keinem Bereich des Lebens Ihre beste Leistung erbringen, wenn Sie nicht so gesund sind, wie Sie es nur irgendwie können.

Glauben Sie mir. In keinem einzigen.

Sie werden ein ungeduldigerer Vater und verständnisloserer Sohn sein, eine übler gelaunte Mutter und eine kühlere Tochter. Sie werden sich nicht von Büchern beflügeln, sondern von Fernsehserien berieseln lassen. Sie werden Ihre Zeit auf Instagram vertändeln, statt im Wald zu spazieren oder auf dem Kinderzimmerboden zu spielen. Sie werden Ihr Leben nicht leben, sondern es vorbeiplätschern lassen.

Sie werden, wenn Sie nicht so gesund sind, wie es nur irgendwie geht, Menschen mit weniger Empathie und Sympathie begegnen, als Sie das eigentlich könnten. Sie werden ein einfallsloser Liebhaber sein und eine distanzierte Liebhaberin.

Sie werden vor Konfrontationen in Kompromisse flüchten. Sie werden sich nicht so über die Erfolge anderer freuen, wie die es verdient hätten. Sie werden weniger ausdauernd und weniger konzentriert arbeiten. Sie werden weniger schlaue Bücher schreiben, weniger gewinnende Verkaufsgespräche führen, das Skalpell wackeliger führen, schwächere Ideen haben und sie weniger überzeugend präsentieren.

Sie werden Ihre Überzeugungen lückenhafter argumentieren. Sie werden zum Jammern neigen. Sie werden sich mit Dingen beschäftigen, die Sie nicht ändern können, und damit Energie von den Dingen abziehen, auf die Sie Einfluss haben. Sie werden prokrastinieren, sobald sich die zarteste Gelegenheit dazu ergibt, und wenn sich keine Gelegenheit ergibt, werden Sie eine schaffen. Sie werden wahnsinnig viel Energie für den Kampf gegen Ihren inneren Schweinehund aufwenden.

Sie werden ungerecht sein, anderen und noch mehr sich selbst gegenüber. Sie werden Wochenende, Urlaub und Ruhestand herbeisehnen, anstatt die Zeit, die Ihnen zur Verfügung steht, als Chance der Gestaltung des eigenen Lebens zu begreifen, und ein bisschen auch zur Gestaltung des Laufs der Welt.

Sie werden Ihr Leben weniger gern haben, als es Ihr Leben verdient.

Die Tatsache, dass Sie in diesem Augenblick dieses Buch in Händen halten, sagt sehr viel darüber, wie gern Sie Ihr Leben haben dürfen:

Sie wurden in die sicherste Epoche der Menschheitsgeschichte, ins wohlhabendste Eck der Welt hineingeboren, Sie haben sehr wahrscheinlich ein Dach über dem Kopf und fließendes Wasser im Haus. Sie haben ausreichend Muße, sich statt mit der Sicherung Ihres nackten Überlebens mit etwas so Nebensächlichem wie beruflichem Erfolg und der Pflege Ihres Wohlstands zu beschäftigen. Es geht Ihnen also aus der Perspektive von weit über 99 Prozent aller Menschen, die je gelebt haben, unverschämt gut. Dass Sie damit nicht zufrieden sind, dass Sie die Fülle dieser glücklichen Umstände nicht täglich mit Dankbarkeit erfüllt, ist nicht nur ein wenig unfair Ihrem Leben gegenüber, sondern es schadet Ihnen auch mehr, als Sie denken. (Wir werden auf den herausragenden Wert der Dankbarkeit ein wenig später zurückkommen.)

Sie werden niemals herausfinden, zu welchen Leistungen Sie in der Lage wären, zu welchem Glück und zu welchem beruflichen Erfolg, wenn Sie Ihrer Gesundheit nicht konsequent Vorrang geben.

Dieses erste Kapitel will Ihnen dabei helfen, Ihre Prioritäten in den Griff zu kriegen.

Dieses erste Kapitel ist auch eine Aufforderung zum lustvollen Egoismus.

„Lustvoller Egoismus"?

Fühlt sich nicht besonders gut an, nicht? Ein bisschen rücksichtslos klingt das, ein bisschen ekelhaft, mindestens unerhört. Sie sind, wir alle sind dazu erzogen, uns selbst zu vernachlässigen. Aber es ist nicht unerhört, zuerst an sich selbst zu denken, schon gar nicht rücksichtslos oder ekelhaft. Im Gegenteil: Sich selbst zu umsorgen schafft die Voraussetzung für alles Gute in Ihrem Leben und dem Leben anderer. Denn je mehr Energie Sie zur Verfügung haben, desto mehr Energie können Sie in das Wohl anderer investieren. Je liebevoller Sie sich selbst verbunden sind, desto mehr Liebe können Sie für andere empfinden.

Es hat ja auch niemand was davon, wenn Sie beim Versuch ohnmächtig werden, Ihrem Kind im trudelnden Flugzeug die Sauerstoffmaske aufzusetzen. Die erste Maske soll immer Ihre sein. Retten Sie danach Ihr Kind. Und, weil Sie ja genug Energie haben, auch noch das schockstarre Pensionistenehepaar neben Ihnen.

Sie sind am glücklichsten, erfolgreichsten und anderen am nützlichsten, wenn Sie sich zuerst um sich selbst kümmern.

Sie sind der einzige wichtigste Mensch in Ihrem Leben.

2/1

Unser Problem mit dem Tun.

Wir haben, wenn es um unser gutes Leben geht, kein Wissensproblem. Wir haben das Gegenteil.

Wir haben direkten Zugriff auf so ziemlich das gesamte Wissen der Menschheit. Wir können über Google und Wikipedia, abertausende Podcasts, Facebook, Instagram, YouTube, Millionen Blogs, Webinare und E-Books jederzeit, von jedem Punkt der Erde aus, kostenlos und binnen weniger Tage zu jedem Thema unglaubliche Expertise aufbauen. Und zwar Expertise in einer Dimension, die noch vor zwei Jahrzehnten nicht unter tausenden von Euros und Dutzenden von Monaten zu haben gewesen wäre.

Nie zuvor wussten wir als Gesellschaft so viel über Gesundheit, Wohlbefinden und Leistungsfähigkeit, über das Leben, und wie wunderbar man es führen könnte. Wenn Sie ein Buch wie dieses in der Hand halten, dann wissen Sie wohl einigermaßen über den Wert von Magnesium und Yoga Bescheid, von Meditation und Vitamin D, Sie wissen, wieso es vernünftig ist, nicht zu rauchen und unregelmäßig und mäßig zu trinken, dass Schlaf keine verplemperte Zeit ist, positives Denken kein Eso-Quatsch und Übergewicht keine Lappalie, dass Ihnen Tiefkühlpizzen nicht guttun und dass hin und wieder überhaupt zu fasten keine schlechte Idee wäre.

Sie wissen eigentlich ausreichend Bescheid, um die Verantwortung für Ihre Gesundheit im Alltag selbst in die Hand zu nehmen.

Aber irgendwie tun Sie's nicht.

Ich vermute, das ist der Punkt, an dem Sie stehen. Dort stehen nämlich die allermeisten von uns. (Ich auch. Biohacking hin, Biohacking her.)

Wir hängen im Wissen fest. Wenn wir die Entscheidung zwischen Überzeugung und Gehorsam zu treffen haben, entscheiden wir uns für Gehorsam. Müssen wir zwischen Schlaf und einer zusätzlichen Netflix-Folge wählen, wählen wir die Netflix-Folge. (Netflix benennt den menschlichen Schlaf übrigens freimütig als seinen größten Konkurrenten, und Netflix ist ein ausgeschlafener Gegner.) Wir entscheiden uns am Morgen gegen das 4-Minuten-Tabata-Workout und für das zweite Nutellabrot. Wir wollen anderen gefallen statt uns selbst. Wir grübeln über Problemen, statt über sie nachzudenken. Wir lassen uns durch unser Leben schubsen, statt es aktiv zu gestalten. Wenn wir die Entscheidung zwischen einem ehrlich gefühlten „Nein" und einem mutlosen „Ja" zu treffen haben, kapitulieren wir ein „Ja" daher. Wir geben kindlichen Prägungen, auf dem Lebensweg eingetretenen Glaubenssätzen, diffusen Erwartungen anderer und einem aus den Fugen geratenen Hormonhaushalt nach (es geht dabei ziemlich oft um das Suchthormon Dopamin).

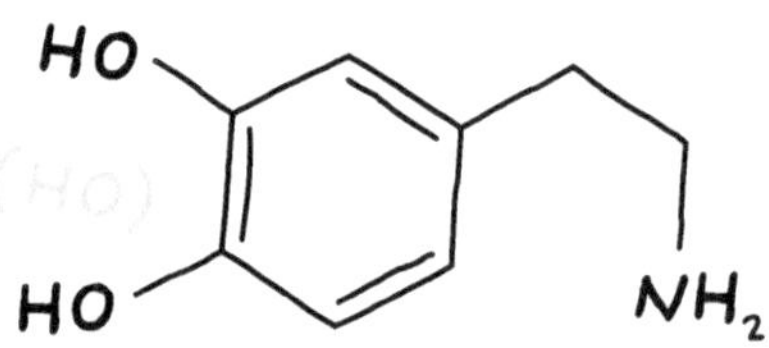

Was nach einer gelangweilten Versammlung von Wasserstoff, Sauerstoff und Stickstoff aussieht, ist Dopamin. Und damit zuständig für Süchte, Freuden und Übermüte aller Art.

Wir sind die, die wissen, aber nicht tun. Deswegen schleppen wir einen Rucksack an schlechtem Gewissen mit uns. Wir halten uns für unzureichend, vor allem halten wir uns für jämmerlich undisziplinierte Schwächlinge.

3/1

Disziplin? Vergessen Sie's. Bringt Sie nicht weiter.

Jetzt kommt die erste gute Nachricht in diesem Buch, immerhin schon auf Seite 31:

Wir können gar nichts dafür.

Wir sind keine Versager.

Wir stecken lediglich in einem Denkfehler fest, der mit sich selbst Karussell fährt: Wir überschätzen die Kraft des Willens. Wir setzen ihn deswegen falsch ein. Das kostet Energie, die wir versuchen, durch immer mehr Willenskraft wettzumachen.

Irgendwie schaffen wir es sogar, uns mühsam voranzukämpfen, immer tapfer, aber immer ein bisschen überfordert und ein bisschen verzweifelt.

Dabei ginge so vieles so viel leichter. Glücklich und zufrieden zu leben und die Tiefkühlpizza auszulassen ist nämlich keine Frage der Willenskraft. Es ist eine Frage der Energie, die uns zur Verfügung steht.

Denn ein gutes Leben hat viel weniger mit Disziplin zu tun, als Sie glauben. Disziplin hilft uns wunderbar über Schwellen, aber für den Dauereinsatz ist sie eine zu knappe Ressource. Disziplin taugt nicht als Treibstoff für die Langstrecke des Lebens.

Das führt uns gleich zur zweiten guten Nachricht:

Das Leben will gern gelebt werden, leicht und angenehm. Das Leben will nicht nur Freude machen, es soll sogar. Das ist eine evolutionäre Selbstverständlichkeit, denn der Sinn des Lebens ist ja das Leben an sich, das

Überleben, der Erhalt der Art, und wie dumm wäre es von Mutter Natur, eine Spezies gegen ihren Willen am Leben erhalten zu wollen?

Wie gut wir wollen können, hat direkt damit zu tun, wie gut es uns geht, wie gesund wir sind, wie sehr wir unser Leben mögen und unser Leben uns. Wir dürfen es uns also nicht nur gut gehen lassen, wir sollen es sogar. Verstehen wir Wohlfühlen ab jetzt, nur ein bisschen hochtrabend, als den höchsten Auftrag der Natur an uns.

Daraus entsteht die Energie, die ganz viele Dinge wie von selbst klappen lässt, auf die Tiefkühlpizza zu verzichten, Spanisch zu lernen oder lustvoll an der Erhaltung der Art zu arbeiten.

Es lässt sich sehr einfach herausfinden, auf wie viel rohe Lebenskraft Sie Zugriff haben, ohne Ihr Leben radikal zu ändern. Der Trick ist lächerlich banal. (Es wird Ihnen wie mir gehen. Sie werden ihn für Humbug halten, bis Sie ihn selbst angewendet haben.)

Schreiben Sie einfach die folgenden beiden Sätze auf einen Zettel:

> „Ich bin der einzige wirklich wichtige Kunde, den ich in meinem gesamten Berufsleben jemals haben werde. Die einzige Dienstleistung, die ich für diesen Kunden erbringen muss, ist für seine Gesundheit und seine Lebensfreude zu sorgen, so gut ich kann."

Tragen Sie den Zettel eine Woche lang bei sich. Dass sich das am Anfang ein wenig peinlich anfühlt, kriegen Sie in den Griff, den Zettel muss ja auch niemand sehen außer Ihnen.

Tun Sie's einfach.

Schreiben Sie den Satz auf.

Stecken Sie den Zettel in die Hosentasche, Manteltasche, Geldbörse, egal. Sorgen Sie lediglich dafür, dass er Ihnen immer wieder in die Hände fällt. Warten Sie ab, was passiert. (Spoiler: Er wird Ihnen auf die Nerven gehen, er wird Ihnen gleichgültig sein, Sie werden ihn vergessen, Sie werden ihn in der Waschmaschine mitwaschen, und irgendwann wird er, reichlich zerknittert, erstaunliche Wirkung entfalten. Geben Sie ihm die Woche.)

Was sich im Lauf der Woche entfaltet, ist der aktuelle Stand im Tank Ihrer Lebensenergie. Und wenn gar nix rauskommt, haben Sie einen Zettel geopfert, mich auf Seite 31 als Hochstapler entlarvt und die Zeit gewonnen, die Sie sonst mit dem Rest dieses Buchs verbracht hätten.

Jetzt möchte ich gerne mit Ihnen darüber reden, was „Gesundheit" eigentlich heißt.

Die falsche und die richtige Gesundheit

Sie geben sich wahrscheinlich mit der sehr unambitionierten schulmedizinischen Begriffsdefinition von Gesundheit zufrieden: „Abwesenheit von Krankheit".

Wenn Ihnen unmittelbare Beschwerdefreiheit reicht, stehen Sie sich selbst breitbeinig im Weg. Sie sind noch lange nicht gesund, nur weil Sie gerade nicht mit Blaulicht ins Krankenhaus gebracht werden oder sich vor Schmerzen krümmen.

Aber vermutlich leben Sie Ihren Alltag ohnehin nach dem üblichsten Gesundheitsverständnis, jenem, das man Friedrich Nietzsche zuschreibt. Er sagte angeblich: „Gesundheit ist dasjenige Maß an Krankheit, das es mir noch erlaubt, meinen wesentlichen Beschäftigungen nachzugehen."

(Nietzsche war übrigens nicht einmal nach seinen eigenen bescheidenen Maßstäben kerngesund. Er litt von früher Jugend an unter erheblichen körperlichen, geistigen und seelischen Einschränkungen und starb 55-jährig als Pflegefall. Sagen Sie jetzt bitte nicht: „Die Macht seiner Gedanken und Worte verdankte Nietzsche seiner Hinfälligkeit, die erzeugte so eine … hm … innere Getriebenheit in ihm, so einen schicksalsschwangeren Tatendrang." Das ist romantisierender Blödsinn. Man treibt ein Rennauto ja auch nicht an, indem man das Benzin panscht und dem Fahrer die Augen verbindet. Niemand wird besser, wenn es ihm schlechter geht. Nietzsche war nicht Nietzsche, weil er so siech war. Sondern obwohl. Außerdem war er zeitlebens erfolglos und wurde erst nach seinem Tod berühmt.)

Sie sind vielleicht gesund genug, Ihren Alltag zu bewältigen. Sie bringen ausreichend Disziplin auf, um zu bestehen. Sie können befolgen, entsprechen, funktionieren. Sie schleppen sich durch den Tag, mal mühevoller, mal weniger mühevoll, und kaum jemandem fällt auf, was das für einen Kampf für Sie bedeutet, vielleicht nicht einmal Ihnen so wirklich. Manchmal, wenn Sie sich verausgaben, reicht es sogar für ein wenig Brillanz, Produktivität oder Flow. Aber Sie sind bei Weitem nicht gesund genug, dass Flow Normalzustand ist. Dass Sie Ihr Leben so gestalten, dass Sie Freude daran haben. (Außerdem kann man sich daran gewöhnen, dass es einem nicht gut geht. Man kann tatsächlich lernen, ein außergewöhnlich schlechtes Leben als Normalität wahrzunehmen. Es wird dadurch aber nicht besser. Das Leiden wird nicht kleiner, nur weil man sich an den Leidensdruck gewöhnt hat.)

Ein schönes Stück schlauer als die Gesundheitsdefinitionen von Schulmedizin und Nietzsche ist jene der Weltgesundheitsorganisation WHO: „Health is a state of complete physical, mental and social wellbeing and not merely the absence of disease or infirmity“, heißt soviel wie „Gesundheit ist ein Zustand vollkommenen körperlichen, geistigen und sozialen Wohlbefindens und nicht allein das Fehlen von Krankheit und Gebrechen.“

Der schlaueste Maßstab Ihrer Gesundheit sind Sie selbst. Sie können Ihre Gesundheit ganz einfach messen. Und zwar daran, mit wie viel Lebensfreude Sie morgens aufwachen. Der präziseste Indikator für Gesundheit ist tatsächlich der einfachste: Sie wälzen oder quälen sich morgens nicht aus dem Bett, sondern Sie springen. (Sprichwörtlich reicht vorläufig.) Sie freuen sich auf den kommenden Tag, auf seine Herausforderungen, auf seine Chancen, auf all das Scheitern und das Gelingen, das er bringen wird.

Auf all das, was Ihnen üblicherweise Angst macht oder Ihnen auf die Nerven geht, kann man sich nämlich auch freuen. Wenn man wirklich gesund ist.

Es macht nicht nur alles angenehmer, sondern lässt auch sehr vieles einfacher und besser gelingen.

Ich rate Ihnen, zwei Dinge zu tun.

Erstens: Zettel und Stift nebens Bett legen und jeden Morgen vor dem Aufstehen eine Zahl von 1 bis 10 notieren. 1 bedeutet Bleischwere, 11 Erleuchtung. Notieren Sie dazu ein paar Gedanken zu den Hintergründen Ihres Befindens: Was Sie tags zuvor gegessen oder getrunken haben, getan oder nicht getan, wie Sie sich auf den Schlaf vorbereitet haben, wann Sie zu Bett gegangen sind, mit welchen Gedanken.

Einfach eine Woche lang ausprobieren, sich selbst beobachten, Zusammenhänge erkennen und insgesamt schauen, was passiert. (Es wird eine Menge passieren. Es ist ein wenig wie bei dem Zettel von vorhin, der Sie in der Woche davor begleitet hat.)

Machen Sie Ihr Verständnis von Gesundheit zum neuen Maßstab Ihres Lebens und lassen Sie Ihr Leben einfach mal darauf reagieren.

Schaffen Sie es vier Tage in Serie, mit 7 oder mehr in den Tag zu starten?

Gibt es Dinge, die Ihnen guttun? Welche sind das?

Und was lässt Ihren Morgenscore runterrasseln?

Zweitens: Wenn Sie schon einen Stift in der Hand haben, füllen Sie eine Seite im „5 Minute Journal“ aus oder im „6-Minuten-Tagebuch“. (Kriegt man in jeder ordentlichen Buchhandlung und auf Amazon.) Das sind Dankbarkeits-Journale, Tagebücher Ihrer Dankbarkeit.

Sie werden jetzt fragen: „Dankbar, wofür?“

Zum Beispiel dafür, es wurde auf Seite 27 schon angesprochen, dass Sie mitten in die sicherste Epoche der Menschheitsgeschichte mitten hinein ins wohlhabendste Eck des Planeten geboren wurden. Dass draußen die Sonne aufgeht, es in der Küche nach frisch gekochtem Kaffee riecht und dass Sie ausreichend Muße haben, sich statt mit der Sicherung Ihres nackten Überlebens mit etwas so Nebensächlichem wie beruflichem Erfolg zu beschäftigen.

Das alles ist nicht selbstverständlich. Was Sie als Selbstverständlichkeit empfinden, ist für 99 Prozent aller Menschen, die jemals gelebt haben, das Paradies.

Sie müssen nichts anderes tun, als sich auf die Dankbarkeit einzulassen. Das klingt leichter, banaler und beklopfter, als es ist. Es wird Ihnen zu Beginn dumm vorkommen und peinlich sein (geht allen so), es wird Ihnen lästig sein, Sie werden täglich neue Ausreden dafür finden, es nicht zu tun. (Zum Beispiel: „Bringt eh nichts.“) Und Sie werden Ihr Tagebuch verschämt vor Ihrem Partner verstecken.

Tun Sie's trotzdem.

Halten Sie eine Woche durch.

Was dann in Ihrem Kopf und mit der Welt um Sie passiert, ist ein Wunder. Oder besser gesagt: Es fühlt sich nach Wunder an, ist aber keins. Sie haben einfach Ihr Gehirn ausgetrickst. (Was Dankbarkeit mit Ihrem Kopf anstellt, finden Sie in einer oberflächlichen Zusammenfassung ab Seite 168.)

Übrigens sollten Sie sich mit dem Ausprobieren nicht zu viel Zeit lassen: Wenn Sie eine neue Information nicht nach 72 Stunden praktisch verwertet haben, sinkt die Chance dramatisch, dass Sie das jemals tun werden.

Die Zeit läuft.

5/1

Ihre gesamte Lebensenergie wird von Nachfahren von Bakterien erzeugt. Seien Sie gut zu ihnen.

Weil „In der Früh aus dem Bett springen“ als Definition des Gesundheitsbegriffs vor Ihrem geistigen Auge nur ein mittelernsthaftes Bild ergibt, schlage ich vor, wir einigen uns auf eine etwas erwachsenere Formulierung, zum Beispiel:

„Überfluss an Lebensenergie“.

Gesundheit ist Überfluss an Lebensenergie.

Diese Definition führt uns direkt in das Verständnis der biochemischen Grundlagen Ihres Lebens. Denn wir wissen heute: Ihr Körper erzeugt Ihre gesamte Lebensenergie in den sogenannten Mitochondrien in den Zellen. Mitochondrien sind so etwas wie Organe Ihrer Zellen. (Ihre Mitochondrien haben Sie übrigens von Ihrer Mutter geerbt, nicht vom Vater, nur damit Sie wissen, bei wem Sie sich bei Gelegenheit zu bedanken haben.)

Diese Energie heißt Adenosintriphosphat, kurz ATP, und ohne dieses ATP könnten Sie nicht denken oder atmen, nicht lieben oder hassen, Ihre Haare würden nicht wachsen, Sie könnten nichts kauen, nichts schlucken und nichts verdauen, Ihr Herz würde nicht schlagen und Ihre Lungen keine Luft pumpen. Und Sie könnten schon gar keine E-Mail beantworten oder keine Rechnung schreiben. Sie wären nicht einmal in der Lage, eine Seite in einem popeligen Dankbarkeits-Tagebuch auszufüllen.

Ihre Mitochondrien erzeugen pro Tag rund die Hälfte Ihres Körpergewichts in ATP. In Zahlen: Wenn Sie 70 Kilo wiegen, produzieren die Nachkommen von Bakterien im Inneren Ihrer Körperzellen Tag für Tag 35 Kilo Lebensenergie für Sie, und zwar pausenlos.

So wie Ihr Auto 6 Liter Benzin auf 100 Kilometer braucht, brauchen Sie 35 Kilo ATP auf 24 Stunden. Zwischen Ihrem Auto und Ihnen gibt es dabei zwei wesentliche Unterschiede: Es gibt keine ATP-Tankstellen. Sie können ATP nicht zu sich nehmen, sondern nur selbst erzeugen. Und Sie haben keinen ATP-Tank. ATP kann nicht gespeichert werden. Es ist nach fünf Sekunden aufgebraucht und muss daher ständig neu gebildet werden.

Ein bisschen zugespitzt formuliert: Legen Ihre Mitochondrien beim Produzieren von ATP fünf Sekunden Pause ein, sind Sie tot.

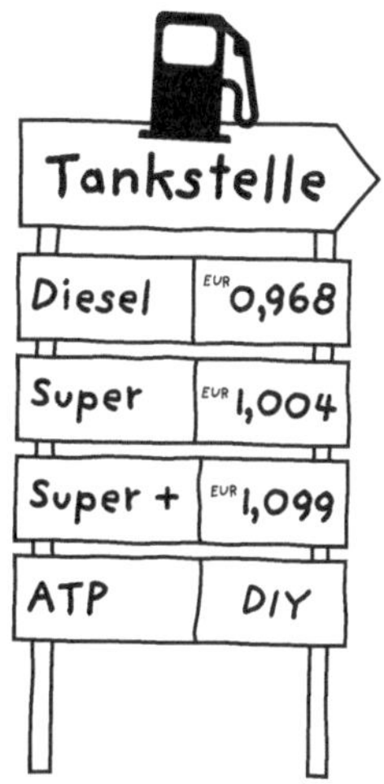

Sie haben übrigens richtig gelesen, und Sie haben sich zu Recht gewundert: Ihre Mitochondrien sind die direkten Nachkommen von Bakterien. Sie haben sich vor ungefähr zwei Milliarden Jahren mit Ihren Ur-Ur-Ur-Ur-Ahnen auf eine symbiotische Lebensgemeinschaft geeinigt.

Offenbar wissen die Mitochondrien um ihre besondere Rolle, denn es umgibt sie etwas Divenhaftes.

Mitochondrien mögen keine Umweltgifte, reagieren sehr empfindlich auf Antibiotika, besonders verabscheuen sie gehärtete Fette (also die Fette, denen Sie in Fast Food am zuverlässigsten begegnen, vor allem in allen Arten von Frittiertem).

Sie können Ihren Mitochondrien das Leben zur Hölle machen, wenn Sie das führen, was man ein halbwegs normales westliches Leben nennt.

Sie können ihnen aber die Arbeit auch erheblich erleichtern.

Die einfachsten entsprechenden Maßnahmen sind: auf eine ordentliche Versorgung mit Vitalstoffen achten (47 Vitamine, Mineralstoffe und Spurenelemente sind essenziell, das heißt, Sie müssen sie aufnehmen, weil sie Ihr Körper nicht selbst bilden kann), hin und wieder kalt duschen, regelmäßig Sport betreiben (moderaten Ausdauersport mögen Mitochondrien besonders), nicht länger als 25 Minuten durchgehend sitzen, ohne aufzustehen, insgesamt viel weniger Kohlenhydrate und immer wieder 12 (als Frau) bis (als Mann) 18 Stunden pro Tag gar nichts essen. Das nennt sich „intermittierendes Fasten“ und gibt Ihnen eine ganz gute Chance, dass jene Mitochondrien, die von der letzten Tiefkühlpizza oder dem Schoko-Croissant ausgeknockt wurden, durch neue ersetzt werden.

Gesunder Selbstmord: Wenn wir nichts essen, verspeisen sich unsere Zellen selbst (zum Glück nur die maroden, alten, müden).

Den Prozess, der das Fasten so wirkungsvoll macht, nennt man Autophagie. Das bedeutet ungefähr soviel wie „Selbstverzehrung“ und bezeichnet tatsächlich genau das: Menschliche Zellen haben die Fähigkeit, kaputte Bestandteile zu killen und sie zu recyceln. Mitochondrien, die von Pizza und Croissant krank geworden sind und hilf- und nutzlos durch die Gegend taumeln, statt ATP zu produzieren, werden zerlegt und machen Platz für junge, gesunde, motivierte Nachkommen.

Autophagie galt übrigens lange Zeit als Lieblings-Hokuspokus einiger besonders durchgeknallter Spinner, die mit der Überzeugung, man würde Energie gewinnen, indem man nichts isst, für große Heiterkeit sorgten.

2016 gewann der Japaner Yoshinori Ohsumi für seine wissenschaftlichen Arbeiten zur Autophagie den Nobelpreis.

Natürlich ist das Wohl Ihrer Mitochondrien nicht alles.

Sie sind insgesamt ein geniales biochemisches System, Sie sind ein biophysikalisches Meisterwerk und eine elektrische High-Tech-Maschine. Alles zugleich, in jeder Hundertstelsekunde Ihres Lebens. Wie das alles genau abläuft, wie die verschiedenen Systeme im Detail zusammenspielen, wissen wir noch nicht. Licht spielt dabei offenbar eine entscheidende Rolle, Frequenzen überhaupt, elektrischer Strom und Wasser.

Die Chancen stehen ziemlich gut, dass vieles von dem, was heute als esoterischer Kram gesehen wird, in ein paar Jahren kein esoterischer Kram mehr ist, sondern Nobelpreismaterial. Und dass sehr vieles von diesem Kram nicht darauf wartet, bis wir ihn verstanden haben, sondern schon heute sehr handfest und sehr wissenschaftlich unser Leben steuert, weil Grundregeln des Lebens gelten ja auch dann, wenn wir sie noch nicht durchschaut haben.

Aber wir schweifen ab.

Tun Sie Ihren Mitochondrien was Gutes, und Sie leben auf der sicheren Seite.

Gehen Sie ins Freie, bewegen Sie sich, essen Sie nichts, was Ihre Urgroßmutter nicht als Essen erkannt hätte, meiden Sie Transfette und Antibiotika und trinken Sie ausreichend Wasser (pro Tag 0,3 Liter pro 10 Kilogramm Körpergewicht als Minimum).

Das pumpt jeden Tag zusätzliche Energie in Ihr Leben. Vielleicht sogar so viel, dass Ihnen ein Überfluss passiert.

6/1

Der Trick mit den Identitären.

Ich habe keine Ahnung, wieso das so ist, aber gerade Menschen, die sich an Leistung orientieren, neigen dazu, sich zu bestrafen.

Es bringt natürlich niemandem was, wenn es Ihnen nicht so gut geht, wie es Ihnen gehen könnte, aber vorsichtshalber gönnen Sie sich einmal nichts. (Vielleicht hat das etwas mit Kapitel 2 zu tun, damit, dass die Hemmschwelle sinkt, Geld für eine Leistung zu nehmen, sobald man sie unter Schmerzen erbracht hat, ich weiß es aber nicht genau.)

Sie nehmen sich vor, wenn Sie einmal Zeit haben, darüber nachzudenken, wieso Ihnen Leistung und Qual siamesisch zusammengewachsen sind, wieso Sie Plagerei und Mühe als Gegenleistung zur Leistung von sich erwarten. Vielleicht bezahlen Sie auch einem Therapeuten 120 Euro dafür, dass er Ihnen eine Stunde zuhört, wenn Sie drüber nachdenken.

Ist ja auch gar nicht verkehrt.

Einfacher wäre freilich: damit aufhören.

Und Leistung und Qual probeweise einmal zusammenhanglos sehen.

Also Leistung auch als Leistung anzuerkennen, wenn sie Ihnen leichtgefallen ist. Probieren Sie das. Heute. Nur einen Tag lang. Dann zwei. Dann vielleicht einmal eine Woche. Nur als Denkmöglichkeit.

Folgen Sie dem Gedanken, dass jeder Erfolg nur dann wirklich ein Erfolg ist, wenn er mühelos und freudvoll erreicht wurde.

Außerdem könnten Sie zum Beispiel diesen Satz denken (oder noch besser laut sagen oder noch besser auf einen Zettel schreiben und einstecken):

Ich glaube nämlich, dass wir verlernt haben, uns selbst das Wohlfühlen und Gutgehen zu gestatten. Und ich glaube, dass es sehr wichtig ist, das wieder zu lernen, wenn wir erfolgreich sein wollen.

Die erste, wichtigste und wirksamste Empfehlung an die meisten Menschen, mit denen ich arbeite, ist die banalste: ein Jour fixe mit sich selbst zu vereinbaren, eine Stunde pro Woche sich selbst bewusst was Gutes zu tun, und das als unverschiebbaren Termin zu sehen.

Den meisten empfehle ich, ohne Handy, ohne Hund, ohne Freund, ohne Zweck im Wald spazieren zu gehen. Und zwar nicht am Wochenende, nicht abends. Sondern verpflichtend während der Zeit, die als „Arbeitszeit“ gilt.

Eine Stunde pro Woche.

Dienstags von 15 bis 16 Uhr, donnerstags von 11 bis 12.

Für die meisten der Menschen, mit denen ich arbeite (die meisten von ihnen arbeiten mehr als 50 Stunden pro Woche), ist das unerhört, ein Tabubruch, die meisten empfinden es als einen zu radikalen Einschnitt in ihr Leben. Sie verstehen nach einigem Zögern, dass es gut für sie wäre, aber sie schämen sich dafür, sie winden sich, sie weichen aus, sie verrenken sich in die abenteuerlichsten Argumente, warum es unmöglich ist, sich diese Stunde aus der Arbeitswoche zu schneiden.

Es funktioniert mit zwei Tricks erfahrungsgemäß dann doch.

Erstens: Der Termin wird als wirkliche Verpflichtung verstanden, als renditegeniales Investment, als Pflege der Beziehung zum wichtigsten Kunden im Sinne von Seite 32, der Termin wird genau so gefühlt und gedacht. Steht wie ein Bock im Kalender.

Zweitens, wenn erstens nicht greift: Wenn der Termin wirklich einmal ausfällt und nicht binnen zweier Arbeitstage nachgeholt wird, sind 20 Euro an eine zweifelhaft unterstützenswerte Organisation zu spenden.

Erfahrungsgemäß gut funktionieren:

Identitäre Bewegung Österreich, IBAN: GB39 REVO 0099 7016 8093 77, BIC: REVGB21.

AfD Landesverband Thüringen, Sparkasse Arnstadt-Ilmenau, IBAN: DE51 8405 1010 1010 0693 02, BIC: HELADEF1ILK

Oder wenn es Ihnen in die andere Richung unangenehmer ist:

Kommunistische Jugend Österreichs, IBAN: AT71 6000 0000 9212 5302, BIC: BAWAATWW

Ihre Wahl, jeden Donnerstag Vormittag.

Die folgenden Seiten beenden das erste Kapitel, und im Idealfall verlängern sie es um fünf Wochen.

Sich auf das im Folgenden vorgeschlagene Programm einzulassen, heißt, dass Ihnen manches eigenartig, manches lästig und manches dämlich vorkommen wird. Der Rest wird Ihnen möglicherweise einfach so auf die Nerven gehen.

Aber lassen Sie sich drauf ein. Ihr finanzielles Investment ist null, das zeitliche lächerlich gering, das emotionale ist zu rechtfertigen.
Nebenwirkungen: keine.
Und am Ende wird vieles superer sein als jetzt.

(Sie können dieses Programm auslassen, wenn Sie stattdessen penibel Ihr 5 Minute Journal oder Ihr 6-Minuten-Tagebuch führen und zusätzlich jede Woche Ihre Spaziereinheit machen.)

MIT- UND MUTMACH-TAGEBUCH

Die erste Woche ist ganz einfach.

Ein Zettel, zwei Sätze,
eine Hosentasche, sieben Tage.
Das ist alles.
Wirklich.

Wenn Sie das unterfordert, machen Sie sich
zusätzlich einfach ein paar Gedanken.

Woche 1

Diesen Satz auf einen Zettel schreiben.
Bei sich tragen. 7 Tage lang. Das schaffen Sie.

Ich bin der einzige wirklich wichtige Kunde, den ich jemals haben werde. Die einzige Dienstleistung, die ich für diesen Kunden erbringen muss, ist, für seine Gesundheit und seine Lebensfreude zu sorgen, so gut ich kann.

Wenn Sie Lust haben, machen Sie sich in dieser ersten Woche Notizen.
Was immer Ihnen einfällt. Zum Beispiel, ob Sie den Zettel in der Waschmaschine vergessen haben, ob Sie den Zettel lieb gewonnen haben, dass Sie beim Einkauf auf keinen Fall Butter, Milch und Joghurt vergessen dürfen, oder wie es sich anfühlt, wenn Sie sich selbst und Ihr Wohlbefinden ernsthaft wichtig nehmen.

Tag 1

Tag 2

Tag 3

Tag 4

Tag 5

Tag 6

Tag 7

Woche 1 gut überstanden?

Mit dem Gedanken angefreundet, der
wichtigste Kunde zu sein, den Sie
jemals haben werden?
Oder vielleicht überhaupt der wichtigste
Mensch in Ihrem Leben zu sein?
Oder wenigstens an Butter und Milch gedacht?

Dann sind Sie bereit für Woche 2. Dann sind Sie bereit fürs kleine große Abenteuer Dankbarkeit.

Dazu brauchen Sie jeden Morgen und jeden Abend einen Bleistift und tagsüber einmal einen 3-Minuten-Timer.

Auch das: bewältigbar.

Woche 2, Tag 1

Morgens

So geht es mir heute

① ② ③ ④ ⑤ ⑥ ⑦ ⑧ ⑨ ⑩

☹ ☺

3 Dinge, für die ich dankbar sein darf

1.
2.
3.

Tagsüber

○ **3 Minuten mit geschlossenen Augen einfach nur ruhig geatmet und auf nichts anderes geachtet als auf meinen Atem.**

Abends

Ein Mensch, dem ich heute etwas Gutes getan habe*:

Ein Mensch, der mir heute etwas Gutes getan hat:

* Das muss nichts Großartiges sein. Sie haben die Dame an der Supermarktkasse angelächelt? Sie haben einer Mutter mit dem Kinderwagen in die Straßenbahn geholfen? Toll. Das reicht.

Woche 2, Tag 2

Morgens

So geht es mir heute

1 — 2 — 3 — 4 — 5 — 6 — 7 — 8 — 9 — 10

☹ ☺

3 Dinge, für die ich dankbar sein darf

1. ______
2. ______
3. ______

Tagsüber

◯ **3 Minuten mit geschlossenen Augen einfach nur ruhig geatmet und auf nichts anderes geachtet als auf meinen Atem*.**

Abends

Ein Mensch, dem ich heute etwas Gutes getan habe:

______

Ein Mensch, der mir heute etwas Gutes getan hat:

______

* Sie müssen diese drei Minuten nicht am Schreibtisch verbringen, und es muss Sie dabei auch niemand sehen. Es geht um Sie. Sie können sich da wirklich auch im Klo einsperren, wirklich, egal.

Woche 2, Tag 3

Morgens

So geht es mir heute

① — ② — ③ — ④ — ⑤ — ⑥ — ⑦ — ⑧ — ⑨ — ⑩

☹ ☺

3 Dinge, für die ich dankbar sein darf*

1. ______________________________

2. ______________________________

3. ______________________________

Tagsüber

○ **3 Minuten mit geschlossenen Augen einfach nur ruhig geatmet und auf nichts anderes geachtet als auf meinen Atem.**

Abends

Ein Mensch, dem ich heute etwas Gutes getan habe:

____

Ein Mensch, der mir heute etwas Gutes getan hat:

____

* Je kleiner und scheinbar nebensächlicher die Sache ist, für die Sie dankbar sind, desto besser. Fließendes Wasser im Haus, und es ist nicht der Regen durchs Dach? Sonne scheint? Super.

Woche 2, Tag 4

Morgens

So geht es mir heute

☹ 1 – 2 – 3 – 4 – 5 – 6 – 7 – 8 – 9 – 10 ☺

3 Dinge, für die ich dankbar sein darf

1. ______________________
2. ______________________
3. ______________________

Tagsüber

○ **3 Minuten mit geschlossenen Augen einfach nur ruhig geatmet und auf nichts anderes geachtet als auf meinen Atem.**

Abends

Ein Mensch, dem ich heute etwas Gutes getan habe:

____

Ein Mensch, der mir heute etwas Gutes getan hat*:

____

* Vielleicht haben Sie sich zu Beginn ein wenig schwer mit diesem Punkt getan. Aber es fällt Ihnen jetzt schon leichter, nicht? Das liegt daran, dass es Ihnen auffällt. Weil Sie darauf achten. Sie haben Ihre Aufmerksamkeit für Gutes geschärft. Allein das macht Ihr Leben schöner.

Woche 2, Tag 5

Morgens

So geht es mir heute*

1 – 2 – 3 – 4 – 5 – 6 – 7 – 8 – 9 – 10

☹ ☺

3 Dinge, für die ich dankbar sein darf

1. ______________________________
2. ______________________________
3. ______________________________

Tagsüber

◯ **3 Minuten mit geschlossenen Augen einfach nur ruhig geatmet und auf nichts anderes geachtet als auf meinen Atem.**

Abends

Ein Mensch, dem ich heute etwas Gutes getan habe:

____

Ein Mensch, der mir heute etwas Gutes getan hat:

____

* Was war bisher Ihr bester Score? Und was haben Sie am Tag zuvor getan? Oder worauf haben Sie sich an diesem Tag gefreut? Beobachten Sie sich. Tun Sie mehr von dem, was Ihnen guttut und worauf Sie sich freuen. (Sie wissen noch: wichtigster Kunde …)

Woche 2, Tag 6

Morgens

So geht es mir heute

1 – 2 – 3 – 4 – 5 – 6 – 7 – 8 – 9 – 10

☹ ☺

3 Dinge, für die ich dankbar sein darf

1. ______________________
2. ______________________
3. ______________________

Tagsüber*

○ **3 Minuten mit geschlossenen Augen einfach nur ruhig geatmet und auf nichts anderes geachtet als auf meinen Atem.**

Abends

Ein Mensch, dem ich heute etwas Gutes getan habe:

____

Ein Mensch, der mir heute etwas Gutes getan hat:

____

* Erfahrungsgemäß sind die 3 Minuten tagsüber die erste Routine, die die Leute echt zu mögen beginnen. Die ersten 10, 15 Minuten nach dieser Mini-Auszeit, nach diesem Reset mitten im Tag, sind meistens besonders entspannt und produktiv.

Woche 2, Tag 7*

Morgens

So geht es mir heute

① — ② — ③ — ④ — ⑤ — ⑥ — ⑦ — ⑧ — ⑨ — ⑩

☹ ☺

3 Dinge, für die ich dankbar sein darf

1. ______________________
2. ______________________
3. ______________________

Tagsüber

○ **3 Minuten mit geschlossenen Augen einfach nur ruhig geatmet und auf nichts anderes geachtet als auf meinen Atem.**

Abends

Ein Mensch, dem ich heute etwas Gutes getan habe:

____

Ein Mensch, der mir heute etwas Gutes getan hat:

____

* Ha! Eine ganze Woche überstanden! Toll gemacht. Vielen Dank, dass Sie sich so drauf einlassen. Wenn Sie Lust haben, schreiben Sie mir doch, wie es Ihnen geht: prinzipienreiter@das-wagner-prinzip.com

Willkommen in Woche 3, 4 und 5!

Bisher durchgehalten?
Oder über die ersten beiden Wochen drübergeblättert?

Wenn Sie sich in den vergangenen zwei Wochen die Zeit für sich genommen und den Mut gefasst haben, sich auf sich selbst einzulassen, hat das etwas in Ihnen verändert. Nicht ganz sicher, aber ziemlich sicher. Wenn Sie über die zwei Wochen drübergeblättert haben, hat sich nichts verändert. Das ist ganz sicher.

Woche 3 und Woche 4 sind wie Woche 2. Mit einem kleinen Unterschied: einmal pro Woche eine Stunde spazieren gehen. Wenn Sie diesen Termin mit Ihrem wichtigsten Kunden nicht einhalten, überweisen Sie bitte 20 Euro an eine Organisation, deren Wesen und Ziele keine Unterstützung rechtfertigen.

Woche 3, Tag 1

Morgens

So geht es mir heute

1 ☹ — 2 — 3 — 4 — 5 — 6 — 7 — 8 — 9 — 10 ☺

3 Dinge, für die ich dankbar sein darf

1. ______
2. ______
3. ______

Tagsüber

○ **3 Minuten mit geschlossenen Augen einfach nur ruhig geatmet und auf nichts anderes geachtet als auf meinen Atem.**

Abends

Ein Mensch, dem ich heute etwas Gutes getan habe:

______

Ein Mensch, der mir heute etwas Gutes getan hat:

______

Wenn heute ein Arbeitstag ist, wäre übrigens ein guter Tag für Ihren ersten Spaziergang. Sie wissen ja: eine Stunde, Sie allein mit sich und der Natur. (Wochenende gilt nicht!)

Woche 3, Tag 2

Morgens

So geht es mir heute

1 – 2 – 3 – 4 – 5 – 6 – 7 – 8 – 9 – 10

☹ ☺

3 Dinge, für die ich dankbar sein darf

1. ______________________
2. ______________________
3. ______________________

Tagsüber

◯ **3 Minuten mit geschlossenen Augen einfach nur ruhig geatmet und auf nichts anderes geachtet als auf meinen Atem.**

Abends

Ein Mensch, dem ich heute etwas Gutes getan habe:

____

Ein Mensch, der mir heute etwas Gutes getan hat:

____

Wenn Ihr Score am Morgen schlechter ist als sonst, woran kann das liegen? Spät abends noch was gegessen oder Sport gemacht? Schlafzimmer nicht dunkel/ruhig/kühl genug?

Woche 3, Tag 3

Morgens

So geht es mir heute

1 ☹ — 2 — 3 — 4 — 5 — 6 — 7 — 8 — 9 — 10 ☺

3 Dinge, für die ich dankbar sein darf

1. ______________________________
2. ______________________________
3. ______________________________

Tagsüber

○ **3 Minuten mit geschlossenen Augen einfach nur ruhig geatmet und auf nichts anderes geachtet als auf meinen Atem.**

Abends

Ein Mensch, dem ich heute etwas Gutes getan habe:

____

Ein Mensch, der mir heute etwas Gutes getan hat:

____

Sie haben ziemlich gute Chancen, Ihren Schlaf zu verbessern, wenn Sie unmittelbar vor dem Einschlafen für drei gute Dinge des abgelaufenen Tages noch ein paar Sekunden lang dankbar sind.

Woche 3, Tag 4

Morgens

So geht es mir heute

① ② ③ ④ ⑤ ⑥ ⑦ ⑧ ⑨ ⑩

☹ ☺

3 Dinge, für die ich dankbar sein darf

1. ______________________
2. ______________________
3. ______________________

Tagsüber

○ **3 Minuten mit geschlossenen Augen einfach nur ruhig geatmet und auf nichts anderes geachtet als auf meinen Atem.**

Abends

Ein Mensch, dem ich heute etwas Gutes getan habe:

____

Ein Mensch, der mir heute etwas Gutes getan hat:

____

Guter Schlaf beginnt übrigens mit dem Aufstehen. So bald wie möglich ins Freie, ans Licht, am besten für 10–20 Minuten. Dann startet Ihre innere Uhr einen Countdown, an dessen Ende Sie abends angenehmer, natürlicher und zuverlässiger müde werden.

Woche 3, Tag 5

Morgens

So geht es mir heute

1 — 2 — 3 — 4 — 5 — 6 — 7 — 8 — 9 — 10

☹ ☺

3 Dinge, für die ich dankbar sein darf

1 ____________________

2 ____________________

3 ____________________

Tagsüber

○ **3 Minuten mit geschlossenen Augen einfach nur ruhig geatmet und auf nichts anderes geachtet als auf meinen Atem.**

Abends

Ein Mensch, dem ich heute etwas Gutes getan habe:

____

Ein Mensch, der mir heute etwas Gutes getan hat:

____

Eine Stunde während Ihrer Arbeitswoche. Spazieren gehen mit Ihrem wichtigsten Kunden. Diese Woche schon erledigt?

Woche 3, Tag 6

Morgens

So geht es mir heute

1 – 2 – 3 – 4 – 5 – 6 – 7 – 8 – 9 – 10

☹ ☺

3 Dinge, für die ich dankbar sein darf

1. ____________________
2. ____________________
3. ____________________

Tagsüber

○ **3 Minuten mit geschlossenen Augen einfach nur ruhig geatmet und auf nichts anderes geachtet als auf meinen Atem.**

Abends

Ein Mensch, dem ich heute etwas Gutes getan habe:

____

Ein Mensch, der mir heute etwas Gutes getan hat:

____

Beginnen Sie Ihren Tag mit einem großen Glas Wasser. Und trinken Sie tagsüber pro 10 Kilo Körpergewicht mindestens 0,3 Liter. Wenn Sie 70 Kilo wiegen, ist alles unter 2,1 Litern einfach zu wenig. Macht Sie schlapp, beschert Ihnen Kopfweh und Konzentrationslücken.

Woche 3, Tag 7

Morgens

So geht es mir heute

1 – 2 – 3 – 4 – 5 – 6 – 7 – 8 – 9 – 10

☹ ☺

3 Dinge, für die ich dankbar sein darf

1. ______________________

2. ______________________

3. ______________________

Tagsüber

○ **3 Minuten mit geschlossenen Augen einfach nur ruhig geatmet und auf nichts anderes geachtet als auf meinen Atem.**

Abends

Ein Mensch, dem ich heute etwas Gutes getan habe:

____

Ein Mensch, der mir heute etwas Gutes getan hat:

____

2,1 Liter sind übrigens das Minimum. Sport? Hitze? Stress? Dann mehr trinken. Sie werden zu Beginn öfter pinkeln, auch in der Nacht. Das legt sich. Trinken Sie vormittags mehr als nachmittags und abends, dann schläft auch Ihre Blase ruhiger.

Woche 4, Tag 1

Morgens

So geht es mir heute

1 — 2 — 3 — 4 — 5 — 6 — 7 — 8 — 9 — 10

☹ ☺

3 Dinge, für die ich dankbar sein darf

1. ______
2. ______
3. ______

Tagsüber

○ **3 Minuten mit geschlossenen Augen einfach nur ruhig geatmet und auf nichts anderes geachtet als auf meinen Atem.**

Abends

Ein Mensch, dem ich heute etwas Gutes getan habe:

______

Ein Mensch, der mir heute etwas Gutes getan hat:

______

Drei Wochen geschafft. Bravo. Blättern Sie mal an den Anfang zurück, zu den ersten Tagen. Was hat sich seither verbessert?

Woche 4, Tag 2

Morgens

So geht es mir heute

1 – 2 – 3 – 4 – 5 – 6 – 7 – 8 – 9 – 10

☹ ☺

3 Dinge, für die ich dankbar sein darf

1. ______________________
2. ______________________
3. ______________________

Tagsüber

○ **3 Minuten mit geschlossenen Augen einfach nur ruhig geatmet und auf nichts anderes geachtet als auf meinen Atem.**

Abends

Ein Mensch, dem ich heute etwas Gutes getan habe:

____

Ein Mensch, der mir heute etwas Gutes getan hat:

____

Sie können Ihren wichtigsten Kunden natürlich auch versetzen. Aber das bringt Ihnen ja nichts. Und Herrn Sellner oder Herrn Höcke oder den Jungkommunisten 20 Euro.

Woche 4, Tag 3

Morgens

So geht es mir heute

1 – 2 – 3 – 4 – 5 – 6 – 7 – 8 – 9 – 10

☹ ☺

3 Dinge, für die ich dankbar sein darf

1. ______________________
2. ______________________
3. ______________________

Tagsüber

○ **3 Minuten mit geschlossenen Augen einfach nur ruhig geatmet und auf nichts anderes geachtet als auf meinen Atem.**

Abends

Ein Mensch, dem ich heute etwas Gutes getan habe:

____

Ein Mensch, der mir heute etwas Gutes getan hat:

____

Wie viel Magnesium nehmen Sie eigentlich ein? Probieren Sie mal eine Kapsel Magnesium-Citrat eine Stunde vorm Schlafengehen. Kann ziemlich gut sein, dass Ihnen das guttut.

Woche 4, Tag 4

Morgens

So geht es mir heute

1 ☹ – 2 – 3 – 4 – 5 – 6 – 7 – 8 – 9 – 10 ☺

3 Dinge, für die ich dankbar sein darf

1. ______________________________
2. ______________________________
3. ______________________________

Tagsüber

○ **3 Minuten mit geschlossenen Augen einfach nur ruhig geatmet und auf nichts anderes geachtet als auf meinen Atem.**

Abends

Ein Mensch, dem ich heute etwas Gutes getan habe:

____

Ein Mensch, der mir heute etwas Gutes getan hat:

____

Je mehr natürliches Grün Sie bei Ihrem wöchentlichen Spaziergang sehen, desto besser. Ihre Psyche reagiert nämlich auf Farben, und Grün wirkt beruhigend.

Woche 4, Tag 5

Morgens

So geht es mir heute

1 – 2 – 3 – 4 – 5 – 6 – 7 – 8 – 9 – 10

☹ ☺

3 Dinge, für die ich dankbar sein darf

1. ______________________
2. ______________________
3. ______________________

Tagsüber

◯ **3 Minuten mit geschlossenen Augen einfach nur ruhig geatmet und auf nichts anderes geachtet als auf meinen Atem.**

Abends

Ein Mensch, dem ich heute etwas Gutes getan habe:

____

Ein Mensch, der mir heute etwas Gutes getan hat:

____

Es gibt übrigens Tage, an denen Ihnen selbst die Routinen, von denen Sie mittlerweile wissen, dass sie Ihnen guttun, auf die Nerven gehen. Isso.

Woche 4, Tag 6

Morgens

So geht es mir heute

1 — 2 — 3 — 4 — 5 — 6 — 7 — 8 — 9 — 10

☹ ☺

3 Dinge, für die ich dankbar sein darf

1. ______________________
2. ______________________
3. ______________________

Tagsüber

○ **3 Minuten mit geschlossenen Augen einfach nur ruhig geatmet und auf nichts anderes geachtet als auf meinen Atem.**

Abends

Ein Mensch, dem ich heute etwas Gutes getan habe:

____

Ein Mensch, der mir heute etwas Gutes getan hat:

____

Woche 4, Tag 7

Morgens

So geht es mir heute

1 — 2 — 3 — 4 — 5 — 6 — 7 — 8 — 9 — 10

☹ ☺

3 Dinge, für die ich dankbar sein darf

1. ______________________
2. ______________________
3. ______________________

Tagsüber

○ **3 Minuten mit geschlossenen Augen einfach nur ruhig geatmet und auf nichts anderes geachtet als auf meinen Atem.**

Abends

Ein Mensch, dem ich heute etwas Gutes getan habe:

____

Ein Mensch, der mir heute etwas Gutes getan hat:

____

Wann haben Sie zuletzt in einem Labor Ihren Vitamin-D-Spiegel überprüfen lassen? Der sollte im oberen Drittel des Normbereichs sein. Wenn nicht: youtube, Dr. Jörg Spitz, Vortrag Vitamin D. Kurzweilig, leicht verständlich.

Woche 5, Tag 1

Morgens

So geht es mir heute

① — ② — ③ — ④ — ⑤ — ⑥ — ⑦ — ⑧ — ⑨ — ⑩

☹ ☺

3 Dinge, für die ich dankbar sein darf

1. ____________________
2. ____________________
3. ____________________

Tagsüber

○ **3 Minuten mit geschlossenen Augen einfach nur ruhig geatmet und auf nichts anderes geachtet als auf meinen Atem.**

Abends

Ein Mensch, dem ich heute etwas Gutes getan habe:

____

Ein Mensch, der mir heute etwas Gutes getan hat:

____

Endspurt: Die letzte Woche Ihres kleinen Transformationsprozesses startet.

Woche 5, Tag 2

Morgens

So geht es mir heute

1 – 2 – 3 – 4 – 5 – 6 – 7 – 8 – 9 – 10

☹ ☺

3 Dinge, für die ich dankbar sein darf

1. ______
2. ______
3. ______

Tagsüber

○ **3 Minuten mit geschlossenen Augen einfach nur ruhig geatmet und auf nichts anderes geachtet als auf meinen Atem.**

Abends

Ein Mensch, dem ich heute etwas Gutes getan habe:

______

Ein Mensch, der mir heute etwas Gutes getan hat:

______

Diese 3 Minuten mit geschlossenen Augen dürfen ruhig auch mal 5 oder 10 werden. Sie halten das mittlerweile schon durch, ohne dass Ihre Synapsen am Rad drehen.

Woche 5, Tag 3

Morgens

So geht es mir heute

1 — 2 — 3 — 4 — 5 — 6 — 7 — 8 — 9 — 10

☹ ☺

3 Dinge, für die ich dankbar sein darf

1. ______________________
2. ______________________
3. ______________________

Tagsüber

○ **3 Minuten mit geschlossenen Augen einfach nur ruhig geatmet und auf nichts anderes geachtet als auf meinen Atem.**

Abends

Ein Mensch, dem ich heute etwas Gutes getan habe:

____

Ein Mensch, der mir heute etwas Gutes getan hat:

____

Ein Biohacker-Trick, falls es mal mit dem Einschlafen nicht klappen sollte oder Sie sich tagsüber beruhigen wollen: „Box Breathing". 4 Sekunden einatmen, 4 Sekunden halten, 4 Sekunden ausatmen, 4 Sekunden halten. Eine, zwei Minuten lang reicht. Fährt Ihr Nervensystem angenehm und zuverlässig runter.

Woche 5, Tag 4

Morgens

So geht es mir heute

1 – 2 – 3 – 4 – 5 – 6 – 7 – 8 – 9 – 10

☹ ☺

3 Dinge, für die ich dankbar sein darf

1. ______
2. ______
3. ______

Tagsüber

○ **3 Minuten mit geschlossenen Augen einfach nur ruhig geatmet und auf nichts anderes geachtet als auf meinen Atem.**

Abends

Ein Mensch, dem ich heute etwas Gutes getan habe:

______

Ein Mensch, der mir heute etwas Gutes getan hat:

______

Was hat die größte Auswirkung auf Ihre Langlebigkeit und Ihre Gesundheit? Falsch geraten. Die Harvard University hat in einer seit über 75 Jahren laufenden Studie herausgefunden: Es ist die Qualität Ihrer engsten Beziehungen. Sie können nichts Besseres für Ihre Gesundheit tun, als sich mit Ihrem Lebenspartner und Ihrer Familie und wenigen engen Freunden wirklich gut verstehen.

Woche 5, Tag 5

Morgens

So geht es mir heute

1 – 2 – 3 – 4 – 5 – 6 – 7 – 8 – 9 – 10

☹ ☺

3 Dinge, für die ich dankbar sein darf

1. ______________________
2. ______________________
3. ______________________

Tagsüber

◯ **3 Minuten mit geschlossenen Augen einfach nur ruhig geatmet und auf nichts anderes geachtet als auf meinen Atem.**

Abends

Ein Mensch, dem ich heute etwas Gutes getan habe:

____

Ein Mensch, der mir heute etwas Gutes getan hat:

____

Woche 5, Tag 6

Morgens

So geht es mir heute

1 – 2 – 3 – 4 – 5 – 6 – 7 – 8 – 9 – 10

3 Dinge, für die ich dankbar sein darf

1. ______________________
2. ______________________
3. ______________________

Tagsüber

○ **3 Minuten mit geschlossenen Augen einfach nur ruhig geatmet und auf nichts anderes geachtet als auf meinen Atem.**

Abends

Ein Mensch, dem ich heute etwas Gutes getan habe:

____

Ein Mensch, der mir heute etwas Gutes getan hat:

____

Eigentlich hätten Sie ja jetzt ein paar richtig gute Gewohnheiten in Ihrem Alltag untergebracht. (Gewohnheiten beizubehalten ist übrigens sehr viel einfacher, als neue zu etablieren.)

Woche 5, Tag 7

Morgens

So geht es mir heute

① ② ③ ④ ⑤ ⑥ ⑦ ⑧ ⑨ ⑩

☹ ☺

3 Dinge, für die ich dankbar sein darf

1. ___
2. ___
3. ___

Tagsüber

○ **3 Minuten mit geschlossenen Augen einfach nur ruhig geatmet und auf nichts anderes geachtet als auf meinen Atem.**

Abends

Ein Mensch, dem ich heute etwas Gutes getan habe:

___

Ein Mensch, der mir heute etwas Gutes getan hat:

___

Großartig. Bravo!

Okay.
5 Wochen.
Wow.

Und selbst wenn Sie nicht jeden Tag und jede Woche ganz streng mit sich waren, und wenn Sie hin und wieder sogar 20 Euro in eine schlechtere Welt investieren mussten (das war das Allerärgste, nicht?): Vielleicht haben Sie ja Lust gekriegt, über die Fragen vom Eingang des Kapitels noch mal nachzudenken.

Bin ich die beste Version meiner selbst?
Nutze ich alle meine Talente,
Potenziale und Anlagen?

1 — 2 — 3 — 4 — 5 — 6 — 7 — 8 — 9 — 10

Definitiv: Nein. … **Absolut!**

Und werde ich, wenn es so
weitergeht wie jetzt, in 5, 10, 15 Jahren
besser drauf sein als jetzt?

1 — 2 — 3 — 4 — 5 — 6 — 7 — 8 — 9 — 10

Wie soll das gehen? … **Garantiert.**

Bin ich körperlich, geistig und
seelisch fit genug, um ohne
Einschränkungen die Leistungen zu
erbringen, die zum Erfolg führen?

1 — 2 — 3 — 4 — 5 — 6 — 7 — 8 — 9 — 10

Es ist ein täglicher Kampf … **Jederzeit!**

Kapitel 2

Sinnlosigkeit

Freudlosigkeit

Nutzlosigkeit

Pleite

Krankheit & Tod

Geld ist die Grundlage jedes professionellen Handelns. Das ist kein sehr romantischer Gedanke, aber er steht ein wenig im Rang eines Urgesetzes, wie Schwerkraft und Hautalterung, und Schwerkraft und Hautalterung ist es ja auch egal, ob man sie für romantisch hält.

Vom schönen Leben zum schnöden Mammon. Das klingt nach einem ordentlichen Wechsel der Flughöhe. Sie werden sehen: Ist es gar nicht.
Jetzt sind mal Sie dran.

Ich will so viel Geld verdienen, dass ...

(Und wie viel ist das ungefähr?)

Ihr Geld verdient, besser von Ihnen behandelt zu werden.

Wenn Sie diese Worte mit einem Lächeln lesen, ein wenig unaufmerksam, weil beschwingt und beflügelt von Charme, Kraft und Reichtum Ihrer soeben gegebenen Antwort, dann gibt es für Sie hier nichts zu tun.

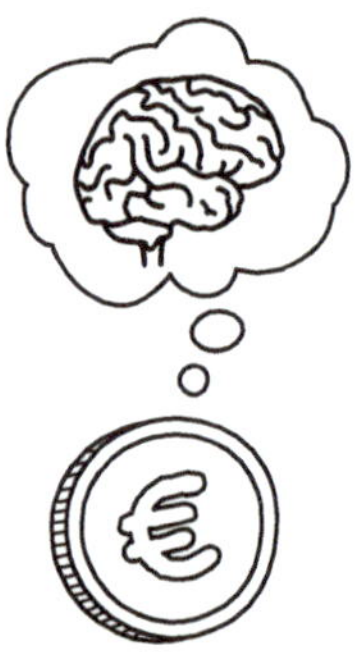

Geld kann nicht denken und fühlen. Aber es kann ziemlich gut Ihre Gedanken nachdenken und Ihre Gefühle nachfühlen.

Blättern Sie bitte weiter zu Kapitel 3, ab Seite 107. Denn Ihr Verhältnis zum Geld ist besser, als es Ihnen dieses Kapitel vermitteln könnte. Sie haben Geld den angemessenen Platz in Ihrem Leben zugewiesen, als entspannten Begleiter, unverzichtbaren Nebendarsteller und dienstbaren Geist, unaufdringlich, freundlich und verfügbar.

Sie werden ein Leben in Wohlstand führen und nicht verstehen, wieso die Leute alle so einen verrenkten Tanz ums Geld aufführen.

Gratulation, bis später.

Aber ich vermute, Sie lächeln jetzt nicht.

Ich vermute, Ihre Antwort auf die Eingangsfrage dieses Kapitels hatte im Grundton etwas Vergrübeltes, etwas Defensives, irgendwas in der Art von Kredite bedienen oder Gehälter zahlen können, Fixkosten stemmen oder irgendwas im Leben endlich nicht mehr müssen, sich aus irgendeiner Abhängigkeit lösen oder aus einer Situation befreien, und ziemlich sicher kommt in Ihrer Antwort auch ein Wort aus der Bedeutungsgroßfamilie „sorglos“ vor.

Das ist normal, aber das ist nicht gut.

Geld hat bei den allermeisten Leuten mit Ängsten zu tun, mit Pflichten, mit Mängeln, Problemen und Sorgen, mit Vermeiden und Verhindern und runtergezogenen Mundwinkeln.

Dieses Vermeiden und Verhindern zu vermeiden und zu verhindern ist Aufgabe dieses Kapitels.

Weil es für Ihre Professionalität, Ihr berufliches Wirken, Ihre Karriere und Ihr Unternehmen kaum ein größeres Risiko gibt als ein ängstliches, freudloses, defensives Verhältnis zu Geld.

Weil es alles, was Sie tun, belastet, lähmt und hemmt.

Dabei könnte Geld genauso gut alles, was Sie tun, erleichtern, inspirieren und beflügeln.

Geld verfügt nämlich über die bemerkenswerte Eigenschaft, Ihren Gedanken und Gefühlen zu folgen.

Das ist nicht einmal halb so esoterisch, wie es klingt. Das hat mit drei Grundregeln der Funktion Ihres Gehirns zu tun.

Gehirnregel 1: Verneinung klappt nicht.

Verneinungen bringen Ihr Gehirn durcheinander, man kennt das vom Bergsteigen: „Jetzt nur nicht ausrutschen“ ist der letzte Gedanke, den Sie auf einem Grat denken wollen, wenn er nicht Ihr letzter Gedanke sein soll.

Wenn ich Sie von meiner moralischen Unbedenklichkeit überzeugen möchte, sollte ich Ihnen nicht „Ich bin kein Kindermörder!“ zurufen, und es wäre auch wenig unterstützend, ein „Außerdem kein islamistischer Terrorist und kein Neonazi!“ nachzuwerfen. Damit wäre mir vor allem einmal gelungen, mich in Ihrem Gehirn mit den Begriffen „Kindermörder“, „Neonazi“ und „Terrorist“ zu verknüpfen.

Es wird Ihnen wohl gelingen, die Irritationen der Negativ-Verknüpfungen in Ordnung zu bringen, ehe Sie die Polizei rufen. Aber Ihr Gehirn muss dafür eine Menge Arbeit leisten. (Und Ihr Gehirn arbeitet nicht gerne. Es ist so faul, wie es nur irgendwie sein kann, ebenso wie die Gehirne aller anderen Menschen. Das liegt daran, dass das Gehirn wahnsinnig viel Energie verbraucht, und Energie zu sparen ist die Königsdisziplin der Evolution, Effizienz war Millionen Jahre lang erste Voraussetzung des Überlebens.)

Negatives in Positives zu übersetzen ist Ihrem Gehirn auch deswegen so wichtig, weil es bedeutet, Abstraktes in Konkretes zu übersetzen, im Idealfall in etwas, das dem Signal eines Sinnesorgans entspricht. Mit Sinneseindrücken kann unser Gehirn nämlich am allerbesten umgehen. (Wie sieht „kein Terrorist" aus, wie schmeckt „kein Terrorist"? Eben.)

Ein „kein" zu verarbeiten, ein „nicht", ein „ohne", kostet natürlich nicht so viel Mühe, dass es Ihnen bewusst auffiele oder Sie die irrtümlich gerufene Polizei zurückpfeifen müssten, aber dieses andauernde Umrechnen des Negativen ist, wie sich mit leicht angezogener Handbremse durchs Leben zu denken.

Wäre ich nicht nur kein Mörder, kein Terrorist und kein Nazi, sondern zudem von großem manipulativen Geschick, hätte ich Ihnen also vorhin farbenfroh geschildert, wie fürsorglich ich Kindern begegne, wie gern ich mit ihnen „Mensch ärgere dich nicht" spiele, Spaghetti Bolognese koche und die Geschichte von der Omama im Apfelbaum lese.

Ihr Gehirn, im Überfluss mit wunderbar leicht verdaulichen Bildern, Tönen und Gerüchen von Spielfiguren, Nudeln und einem blauen Buchumschlag gefüttert, wäre zufrieden und wohlig satt und käme nicht im Entferntesten auf die Idee, dass ich jemandem auch nur ein Haar krümmen könnte.

Was das jetzt mit Ihrem Wohlstand zu tun hat, fragen Sie?

Wenn Sie Ihr Verhältnis zum Geld als Verhinderung anlegen, als Vermeidung von Pleite, Mangel, Kontosperre, Existenzverlust, fällig gestelltem

Kredit oder Armut, dann wird das nichts werden mit dem ökonomischen Erfolg. Weil Sie Ihr Gehirn mit Impulsen, Bildern, Gerüchen, Gedanken füttern, die einen Magnetismus in die falsche Richtung entwickeln, „nur ja nicht diesen Auftrag versemmeln!“, „nur ja dieses Projekt nicht in den Sand setzen!“, „nur ja diesen Termin nicht vermurksen!“, „nur ja diesen Job nicht verlieren!“

„Nur ja nicht abstürzen jetzt!“, Sie erinnern sich.

Gehirnregel 2: Tun geht. Nicht tun geht nicht.

Wir Menschen sind nicht in der Lage, etwas nicht zu tun. (Bemerken Sie, wie ein Satz mit einer Doppelverneinung Ihr Gehirn verdrechselt?) Wir können nur etwas tun.

Unser Gehirn schafft es nicht, uns dazu zu bringen, nicht zu spät zu kommen, weil es nicht weiß, was man tun muss, um „nicht zu spät zu kommen“. (Vier Verneinungen. Wie oft mussten Sie den Satz lesen?) Aber pünktlich zu sein, das schafft jedes Hirn. Auch Ihres.

Andere nicht zu unterbrechen … was ist das? Wie geht das? Wie fühlt sich das an?

Andere ausreden zu lassen? Kein Problem.

„Keine Angst haben“ vor Armut? Wie geht das? Sich auf Wohlstand freuen, das geht. Friedlich, freudvoll Wohlstand erleben, das geht. Das hat ein Bild, ein Gefühl, das lässt sich in Gedanken erleben, vielleicht in der Fantasie eines prasselnden Kamins, vor dem Sie mit einem Glas Rotwein in der Hand sitzen, oder eines First-Class-Sitzes im Flugzeug, das Sie auf Ihrer Weltreise von Kuala Lumpur nach Sydney bringt. Damit kann unser Gehirn was anfangen: Kamin, Rotwein, First Class, Sydney. Und es wird in zauberhafter Beiläufigkeit die Schritte begünstigen, die Sie diesem Zustand näher bringen.

Sich in einen Zustand des Wohlstands hineinzudenken, hineinzufühlen, bringt Sie Ihrem Wohlstand näher. Wir wissen, dass das funktioniert, wir wissen aber nicht wieso. Ich vermute, im Prinzip ist es ähnlich wie der Placebo-Effekt in der Medizin, dessen außergewöhnlicher Einfluss auf die Heilkräfte des Körpers längst nachgewiesen ist. (Natürlich gilt das auch umgekehrt für den sogenannten Nocebo-Effekt.)

Dinge allein schon rein grammatikalisch positiv und aktiv anzugehen, ist weder semantische Spitzfindigkeit noch esoterisches Herumgedudel, es ist eine präzise Ausrichtung Ihres zentralen Steuerungsorgans.

(Und übrigens auch der Grund, weswegen kluge Trainer/Lehrer/Eltern/Vorgesetzte/Mitarbeiter ihre Schützlinge/Schüler/Kinder/Mitarbeiter/Vorgesetzten niemals dazu auffordern, etwas nicht zu tun, sondern immer dazu, etwas zu tun.)

Gehirnregel 3: Realität und Gedanken sind eins.

Für unser Gehirn ist jeder Gedanke Realität und jede Realität Gedanke.

Das geht gar nicht anders.

Unser Gehirn macht ja keine eigenen Sinneswahrnehmungen. Es ist auf die Signale angewiesen, die es empfängt, also, grob gesagt, elektrische oder biochemische Impulse. Ob diese nun von Sinnesorganen stammen oder von Gedanken oder Gefühlen, woher soll Ihr Gehirn das wissen?

Ob Sie einen Hasen durch die Wiese hoppeln sehen oder sich Wiese, Hase und Gehoppel nur vorstellen – Ihrem Gehirn ist das egal. Ob Sie Pleite gehen oder sich Pleite vorstellen, gerne auch in der Nur-ja-nicht-Pleite-gehen-Verneinung – Ihrem Gehirn ist das egal. Es wird sich an Pleite gewöhnen.

Ihr Gehirn hockt, mit seinen adipösen 60 Prozent Körperfettanteil vor sich hin wabbelnd, in einem knöchernen Oval mit ein paar kleinen Löchern und tut in seiner Dunkelheit, wofür es da ist, es nimmt die Impulse entgegen, verarbeitet sie und setzt die entsprechenden Reaktionen in Gang, also: unsere Gefühle und unsere Handlungen. Die bewussten ebenso wie die unbewussten.

Und eine Menge Gefühle und so gut wie alle unserer Handlungen im beruflichen Umfeld haben mit Geld zu tun, die bewussten ebenso wie die unbewussten, wie soll es auch anders sein?

Schlussfolgerung: Ihre Gefühle gegenüber Geld bestimmen die Grundstimmung, in der Sie arbeiten. Ihre Gefühle gegenüber Geld sind die emotionale Grundlage Ihrer Karriere und Ihres Unternehmens, der Dienstleistung, die Sie erbringen, und der Produkte, die Sie erzeugen. Und sie sind außerdem der emotionale Grundton von mindestens 40 Stunden Ihrer Lebenszeit, Woche für Woche.

2/2

Werfen wir jetzt einen Blick in die Rucksäcke, die den Weg zum Wohlstand so beschwerlich machen.

Sie kennen den Begriff der „Glaubenssätze". Das sind Grundannahmen, die Sie unhinterfragt mit sich durchs Leben tragen, meist in Form unsichtbarer, mühlsteinschwer beladener Rucksäcke.

„Reiche Menschen sind böse" ist zum Beispiel ein recht beliebter Glaubenssatz, „Arme Menschen sind faul", „Mir gelingt nie, was ich mir vorgenommen habe", „Meine Arbeit ist nichts wert", „Ich bin blöd" oder „Alle anderen sind blöd". (Ich kenne jemanden, dem viele Jahre gelungen ist, die beiden letztgenannten Sätze gleichberechtigt auszuleben, fragen Sie jetzt bitte nicht weiter.)

Die besonders selbstzerstörerischen Glaubenssätze haben die wenig sympathische Neigung, sich bevorzugt von feinfühligen, intelligenten und leistungswilligen Menschen durchs Leben tragen zu lassen. Und wenn jemand noch dazu grundsätzlich eine Schwäche fürs Reflektieren oder Hinterfragen hat, dann machen sich die Glaubenssatzmühlsteine im Lebensrucksack extra schwer, Sie kennen sicherlich jemanden, der Ihnen das bestätigen kann.

Glaubenssätze gruppieren sich sehr gerne rund ums Thema Geld. Manche von ihnen überschätzen Geld maßlos, andere unterschätzen es sträflich, andere wieder setzen Armut und Wohlstand in unberechtigte kausale Zusammenhänge.

Wir werden es auf diesen paar Seiten nicht schaffen, Ihre Rucksäcke auszuräumen*. Aber die folgenden Gedanken können Sie vielleicht anregen, sich mit Ihren Glaubenssätzen zum Thema Geld ein paar Gedanken lang auseinanderzusetzen. Und vielleicht erweist sich ja dann der eine oder andere Mühlstein in Ihrem Rucksack als überflüssig.

(Keiner der folgenden Gedanken nimmt für sich in Anspruch, Sie zu überraschen. Aber dafür ist auch keiner falsch. Das reicht. Würden wir uns im Leben nur an all den einfachen Wahrheiten orientieren, die wir schon vergessen haben, wir wüssten gar nicht, wohin mit all dem Glück, dem Wohlstand und der Gesundheit.)

* Also ein bisschen vielleicht doch. Dafür gibt es eine sehr nette und angesichts der Bedeutung der Glaubenssätze erstaunlich unkomplizierte Übung: Papier, Stift, Zeit und Muße nehmen und darüber nachdenken, was denn die Grundwerte in Ihrem Leben sind. Dinge, die Sie wirklich glauben, Grundwahrheiten. Über die großen Themen im Leben, über sich selbst, die Liebe, die Gesellschaft, Familie und natürlich Geld. Wenn Sie diese Glaubenssätze – sie alle stammen übrigens aus Ihrer frühen Kindheit – notiert haben, betrachten Sie sie. Und fragen sich: Tut mir diese Überzeugung gut? Hilft sie mir, ein schöneres Leben zu leben? Denen, die Ihnen nicht guttun, stellen Sie Denksätze zur Seite. Denksätze sind ausgedachte Glaubenssätze. Und wann immer Ihnen einer der schädlichen Glaubenssätze im Alltag begegnet, kontern Sie mit dem Denksatz. Je öfter Sie den Denksatz durch Ihr Gehirn spazieren führen, desto wohler wird er sich in Gesellschaft Ihrer Ganglien fühlen, und desto wirkungsvoller wird er den schädlichen Glaubenssatz aushebeln und an dessen Platz treten.

Geldgedanke 1: Geld ist eine ziemlich neumodische Erfindung und wirkt außerdem nur im Konjunktiv.

Geld kann kein Brot backen, keine Texte verfassen, keine Autobahnen bauen. Geld kann nicht einmal Fußball spielen oder gegessen werden.

Genauso wie das Adenosintriphosphat aus dem ersten Kapitel einfach als verzweigtes Gitter aus Phosphor, Kohlen-, Wasser-, Stick- und Sauerstoff durch unsere Zellen mäandert und erst durch seine Verstoffwechslung im Inneren unserer Zellen Wert bekommt, ist ein Geldschein ein Stück bedrucktes Papier, eine Münze ein Stück geprägtes Metall, und eine Zahl im Internetbanking sind überhaupt nur Einser und Nullen in einem Rechenzentrum, an dessen Firewall irgendwelche russischen Hacker herumhampeln.

Wert bekommt Geld erst durch seine Verstoffwechslung. Also dadurch, dass es andere Menschen gegen Waren oder Dienstleistungen tauschen.

Das klingt alles völlig selbstverständlich, als wäre es immer schon da gewesen, als ewige Wahrheit.

So ist das aber gar nicht.

Tauschhandel ist gerade mal ein paar tausend Jahre alt, ein Wimpernschlag in den mehr als vier Millionen von Jahren der Menschheitsgeschichte, und die Idee von Geld steckt, evolutionär gesehen, überhaupt noch im Probemonat.

Es hilft, sich das vor Augen zu führen.

Denn wir wissen, wie langsam wir als Spezies lernen. Es dauert tausende und abertausende Jahre, Dutzende von Generationen, damit uns die Evolution bis in unsere Erbinformationen hinein an neue Erkenntnisse und Umstände gewöhnt. Bei unserem Gehirn und unserem Stoffwechsel zeigt die Evolution besonders wenig Eile: Die beiden arbeiten immer noch wie vor hunderttausenden von Jahren, es machen uns dieselben Dinge Angst und dieselben geben uns Sicherheit, wir sehnen uns nach Zugehörigkeit und Geborgenheit ebenso wie in der Jungsteinzeit, als Ausgestoßensein ein Todesurteil war. Und wir vertragen immer noch die natürlich gewachsenen Nahrungsmittel besser als die vakuumverpackten.

Wir sollten uns also jede Ungeschicklichkeit im Umgang mit Geld nachsehen. Wir hatten einfach noch nicht sehr viel Zeit, den Umgang damit zu üben.

Nach mehreren hunderttausend – in manchen Regionen der Erde sogar Millionen – Jahren, in denen wir als Jäger und Sammler durch die Gegend gezogen waren, entdeckten wir vor ungefähr 9.000 Jahren, dass die Kultivierung von Nutzpflanzen eine Art perpetuum mobile der Lebensmittelversorgung ergibt: säen, aufziehen, ernten, essen, säen, aufziehen, ernten, essen.

Wir wurden also, weil wir darin ein verlockendes Potenzial an Energieeinsparung vermuteten, sesshaft. Das war, im Nachhinein gesehen, nicht in allen Bereichen die beste Idee, die wir jemals hatten (zum Beispiel schrumpfte danach unser Gehirn, und man kann sich auch einen adipösen Jäger oder diabetischen Sammler nicht leicht vorstellen).

Aber die Sesshaftigkeit ist Grundlage unseres heutigen wirtschaftlichen Verständnisses und aller technologischen Innovationen. Ohne die Sesshaftigkeit hätten wir zwar größere Gehirne, weder Gewichtsprobleme noch Zivilisationskrankheiten, aber eben auch viel weniger Zivilisation, keine Bäckereien, keine Autobahnen, keine Profifußballer.

Die Sesshaftigkeit ermöglichte Vorratshaltung, was individuellen Besitz und Wohlstand im heutigen Sinn begründete – ein Jäger oder Sammler hätte ja nur schwerlich mehr besitzen können als das, was er durch die Gegend tragen konnte, abgesehen davon, dass in Jäger-und-Sammler-Kulturen das gejagte und gesammelte Gut allen in der Gruppe gehörte. (Ja, wir verbrachten die allerlängste Zeit in unserer Entwicklungsgeschichte in einem durch und durch kommunistischen System.)

Die Sesshaftigkeit ermöglichte die Entwicklung einzelner handwerklicher Fertigkeiten und begründete das, was man heutzutage „Beruf" nennt. Weil ja nicht mehr jeder täglich beinahe ausschließlich mit dem mühseligen Beschaffen von Lebensmitteln beschäftigt sein und nicht einmal jeder Landwirt werden musste, und weil man sich ohnehin nebeneinander niedergelassen hatte, konnte man anderen Tätigkeiten nachgehen: Man konnte Kleidung schneidern oder Messer schmieden oder die Menschen kurieren, die sich bei der Feldarbeit, beim Schneidern oder beim Schmieden wehgetan hatten. Und man konnte Kleidung gegen Messer oder Heilung gegen Mehl tauschen.

Meerwertsteuer: Mit chinesischen Schneckenhäusern begann Geld im heutigen Sinn.

Dieser Tauschhandel funktionierte ein paar tausend Jahre ausreichend gut. Dann verfeinerte man ihn durch die Abwicklung über einen Umweg, der Schneider konnte ab nun dem Schmied ein Hemd verkaufen, auch wenn er selbst gerade kein neues Messer benötigte. Und der Bauer konnte einen Pflug anschaffen, ohne den Schmied mit einer halben Tonne Getreide und fünf frisch geschlachteten Schafen in Verlegenheit zu bringen.

Die ersten Währungen waren Währungen mit eingebauter Inflation, es handelte sich um verderbliche Nahrungsmittel wie Reis oder Getreide.

Vor rund 3500 Jahren begann man in China, Schneckenhäuser als Währung anzuerkennen.

Damit begann Geld im heutigen Sinn.

Es ist also chinesischen Schneckenhäusern zu verdanken, dass heute jemand, der Autobahnen baut, einen Laib Brot kauft, ohne dem Bäcker im Tauschhandel einen halben Quadratzentimeter Theke zu asphaltieren.

Zusammengefasst: Geld ist ein evolutionär sehr junger (und vielleicht in unserem Umgang damit auch noch recht unausgegorener) Ausdruck einer gesellschaftlichen Vereinbarung.

Geld dient als Relais des Austauschs von Waren und Dienstleistungen.

Eingetauscht werden ist alles, was Geld kann.

Das ist nicht wenig, aber auch wieder nicht genug, um Grunderschütterungen des Lebens zu rechtfertigen.

Geldgedanke 2: Niemand außer Ihnen bestimmt, welchen Wert Geld in Ihrem Leben spielen darf.

Das Geld, das Sie besitzen, hat keinen faktischen Einfluss auf das Leben, das Sie in diesem Moment führen. Einfluss kann es nur auf das Leben nehmen, das Sie in Zukunft führen.

Ihre Erwartungen, Forderungen, Hoffnungen und Wünsche an Ihre Zukunft legen also fest, welche Bedeutung Geld in Ihrem Leben haben darf.

Was Geld darf, lässt sich wirklich sehr einfach herausfinden. Zettel, Bleistift, eine halbe Stunde Zeit, Ruhe. Darüber nachdenken, wie ein vollständig glückliches Leben für Sie aussieht, was Sie ganz im Inneren wirklich erfüllt. Ihre Gedanken notieren.

Wenn dabei eine Yacht, zwei Ferraris und drei Häuser in der Côte d'Azur herauskommen (was ich Ihnen in der persönlichen Zusammenarbeit, wären Sie Kunde meiner Werbeagentur, nicht abkaufen würde), führen Sie Ihr Leben ab sofort vernünftigerweise stramm betriebswirtschaftlich. Wenn Sie Ihr Lebensglück kostengünstiger anlegen, zum Beispiel indem Sie Ihre

Zeit am liebsten meditierend auf einer Blumenwiese verbringen, die familiäre Harmonie zelebrieren oder mindestens eine Stunde pro Woche durch einen Wald spazieren und sich den Wonnen der Dankbarkeit hingeben, dann können Sie's ökonomisch entspannter angehen.

Auf Ihrem Zettel wird irgendwas dazwischen stehen. Was auch immer das sein wird: Es wird Sie weiterbringen. Es wird Ihnen vor Augen führen, ob Geld in Ihrem Leben eine der Haupt- oder eine der Nebenrollen besetzen darf.

Und vergessen Sie bei der Gelegenheit gleich, dass Geld Sicherheit bedeutet. Jede Sicherheit, die Ihnen Geld bedeutet, kann nur eine trügerische sein. Geld erweitert Ihre Möglichkeiten in Zukunft und bedeutet daher Freiheit.

Geldgedanke 3: Eine Voraussetzung ist kein Ziel.

Das gesamte erste Kapitel lang ging es im Wesentlichen um ATP. Wir haben uns darum bemüht, dass sich Ihre Mitochondrien wohl bei Ihnen fühlen, dass Energie bereitsteht und frei fließen kann.

Hier im zweiten Kapitel tun wir grundsätzlich dasselbe. Es sieht nur ein bisschen anders aus.

Ein Unternehmen ohne Geld ist wie ein Organismus ohne ATP. Es fehlt die Lebensgrundlage. Es kann keine Mitarbeiter bezahlen, die aber ohnehin nicht telefonieren könnten, es kann in keine Produktionsgüter investieren, kein Büro anmieten, in dem kein Licht brennen, kein Wasser fließen und die Heizung versagen würde, und es wird sich keinen Anwalt leisten können, der es berät, wie am besten mit den ganzen unfreundlichen Erinnerungen umzugehen ist, die der Briefträger jeden Tag bringt.

Ohne Geld sind Sie unternehmerisch genauso tot wie persönlich, wenn Ihre Mitochondrien fünf Sekunden lang darauf vergessen, ATP zu erzeugen.

Geld ist dabei einen Hauch geduldiger und kompromissbereiter als ATP: Sie dürfen länger als fünf Sekunden keinen Umsatz machen, Sie können es sich vorübergehend von jemand anderem leihen, und es lässt sich erheblich besser speichern. Außerdem gibt es eine Art diesseitiger Wiederauferstehungschance, die man Konkurs nennt.

Aber die Unterschiede ändern nichts am Prinzip: Geld ist für Ihr Unternehmen, was ATP für Ihren Organismus ist. Die Energie, die Leben ermöglicht. Eine Grundvoraussetzung.

Aber das ist auch schon alles. Geld ist der Start, nicht das Ziel.

Wenn Sie eine Grundvoraussetzung sicherzustellen für ein lohnendes Endziel halten, für Daseinszweck und Existenzberechtigung, haben Sie soeben ein schönes Stück persönliches Verbesserungspotenzial entdeckt.

Geldgedanke 4: Wofür Sie die Energie einsetzen, ist Ihnen überlassen.

Geld ist wertfrei.

Denn Geld hat ja keine Emotionen, Geld bezieht keine Positionen, Geld ergreift keine Partei. Geld ist weder gut noch böse, genauso wenig wie die Menschen, die es besitzen. Wohlhabende Menschen können ebenso wunderbar oder hinterhältig sein wie arme, da können die Glaubenssätze in Ihrem Rucksack noch so sehr rumoren.

Es liegt an Ihnen, ob Sie mit Ihrer ersten Million eine Schule in einem afrikanischen Dorf bauen oder an 5000 Donnerstagen Ihren Spaziergang ausfallen lassen. Die Million kann nichts dafür, was Sie mit ihr anfangen. Sie können ja auch mit dem Adenosintriphosphat, das Ihre Mitochondrien für Sie zusammenbasteln, energiegeladen rauben, brandschatzen und vergewaltigen, als Volkstribun Menschen gegeneinander aufhetzen, oder Sie können Ihre Lebensenergie verwenden, um Gedichte zu schreiben, alten Frauen die Einkaufstasche über die Straße zu tragen und das wirkungsvollste Krebsmedikament der Welt zu erforschen.

Von jemand anderem Geld für die eigene Leistung zu fordern ist daher ein völlig unverwerflicher Akt. Im Gegenteil. Sauber zu kalkulieren und streng zu verhandeln tut nichts anderes, als Sie in die Lage zu versetzen, Waren und Dienstleistungen von anderen in Anspruch zu nehmen, wenn Sie das wollen oder benötigen.

Wer es nicht gut findet, dass Sie sich mit den entsprechenden Möglichkeiten ausstatten, vertraut Ihnen entweder nicht oder will Ihnen Böses.

Oder beides.

Wenn Sie zu allzu schlampiger Kalkulation oder defensiver Verhandlungsführung neigen, mag dieser Gedanke übrigens besonders hilfreich sein.

Geldgedanke 5: Nur für Geld zu arbeiten ist grauenhaft.

Wenn Ihr Unternehmen am wirtschaftlichen Abgrund herumtaumelt, gibt es nur eine Priorität: das Gleichgewicht halten, sicheren Boden gewinnen. Im Auge der Pleite dreht sich alles um Umsätze und Deckungsbeiträge und bedruckte Papierscheine und geprägte Metallstücke und Einser und Nullen auf einem Screen.

Das muss auch so sein, weil eben Überlebenskampf.

Aber: Es ist fürchterlich.

Solange Sie Ihre unternehmerische oder berufliche Leistung ausschlaggebend am Geld messen, das Sie dafür bekommen, blockieren Sie jede Freude, jeden Nutzen, jede Leichtigkeit, jeden Sinn in Ihrem Tun. Es wird ein grauenhaftes Herumackern durch Ihre Arbeitstage und -wochen.

Es ist ein wenig wie beim Stress: Kurzfristig kriegt man das ja hin. Aber dauerhaft? Als Dauerzustand? Wie soll das gehen? Wer soll das aushalten? Wollen Sie wirklich 40 oder mehr Lebensstunden jeder Woche ausschließlich bedrucktem Papier widmen oder dem Computerprogramm Ihrer Hausbank? Und sich dann körperlich, geistig und seelisch erschöpft in das schleppen, was Sie in einem traurigen Euphemismus „Quality Time" nennen? Weil Ihr Leben sonst nämlich – Umkehrschluss – „No Quality Time" ist?

Und am Ende Ihrer beruflichen Laufbahn beginnt dann das, was man Leben nennt?

Mit 60? 70?

Welchen Sinn soll es machen, mit dem Ausleben des Lebens darauf zu warten, bis es in die Zielgerade einbiegt?

Wir könnten all das auch positiv formulieren: Sobald Sie vor allem für andere Werte als Geld arbeiten, lösen sich Pflicht und Zwang auf. Und machen Raum frei für Freude, Sinn, für Lust und Wert. (Wir werden in Kapitel 4 darauf zurückkommen, ab Seite 119.)

6 Geldgedanke 6: Es fühlt sich gut an, Geld zu mögen.

Professionalität hat immer mit Geld zu tun. Und daher immer auch mit den Emotionen, die Sie mit Geld verbinden.

Sind das Emotionen wie Neid, Geiz, Scham, Angst? Dann prägen Neid, Geiz, Scham und Angst einen großen Teil Ihres Lebens.

Verändern Sie Ihr emotionales Verhältnis zu Geld genau so, wie Sie Ihr emotionales Verhältnis zu Ihrem Leben verändern möchten.

Finden Sie Geld einfach einmal uneingeschränkt super.

7 Geldgedanke 7: Sie können auch Geld benützen, das Sie noch gar nicht verdient haben.

Das ist die Grundintention dieses Kapitels: Sie einzuladen, Ihre Perspektive auf Geld zu schärfen. Dieses Kapitel will Sie anregen, mit dem Geld zu arbeiten, das Sie noch gar nicht verdient haben. Das ist gar nicht schwer. Das gelingt, indem Sie dieses Geld mit Emotionen verbinden, die Ihnen angenehm sind, die Ihnen Freude bereiten und Lust machen.

Sie könnten sich zum Beispiel wünschen, ausreichend Geld zu verdienen, um sich fünf Ferraris in die Garage stellen zu können, eine Schule in einem afrikanischen Dorf zu bauen, ein Bordell für den Eigengebrauch einzurichten oder nie wieder donnerstags spazieren gehen zu müssen.

Sie könnten so viel Geld verdienen wollen, dass Sie …

Denken Sie drüber nach, wie Sie diesen Satz vervollständigen. Es ist Ihr Satz. Es ist Ihr Geld, auch das noch gar nicht verdiente, es sind Ihre Möglichkeiten.

Je mehr Freiheit und Mut und Unverschämtheit Sie Ihren Gedanken gestatten, desto mehr Freude, mehr Motivation und mehr Energie wird er erzeugen. (Es werden Sie Glaubenssätze dabei zu bremsen versuchen, das ist normal.)

Es ist alles erlaubt, was unter günstigsten realistischen Verhältnissen irgendwie erreichbar scheint. Am besten formulieren Sie etwas in der Schnittmenge von Wunsch, Traum, Vision und Ziel, jedenfalls etwas, von dem Sie heute glauben, dass es ganz schwer zu erreichen ist.

Sie sollten sich beim Formulieren ein wenig so fühlen, als würden Sie auf den Zehenspitzen stehen und die Fingerspitzen ganz weit hinaufstrecken und das Gefühl haben, dass die Zimmerdecke gar nicht mehr so weit entfernt ist. Dann ist es richtig.

Die besten Ziele sind immer unerreichbar, aber nur fast.

Wenn Sie etwas gefunden haben, das zu Ihnen passt, etwas, das Ihnen wirklich Lust macht, das Sie in Ihrem Innersten berührt, dann könnte sein, dass Sie sich eine Art Mitochondrium erschaffen haben, das unternehmerisches Adenosintriphosphat produziert, wie von selbst.

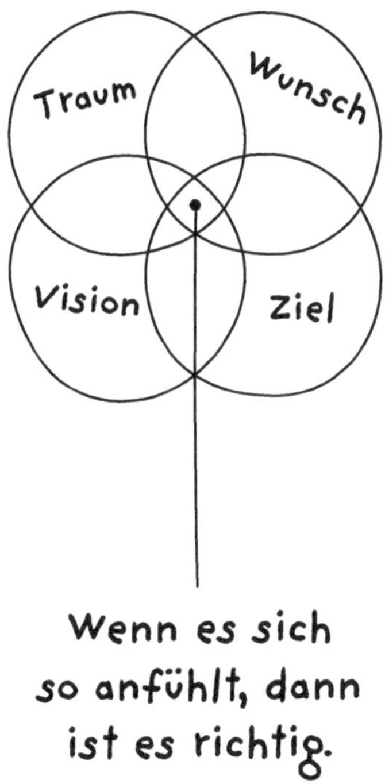

Und jetzt noch mal Sie.
Seien Sie mutig, schamlos, unbescheiden. Trauen Sie sich etwas zu, das Ihnen unverhältnismäßig erscheint, und lassen Sie sich von Ihren Glaubenssätzen für verrückt erklären.
Dann ist es genau richtig.

Ich will so viel Geld verdienen, dass ...

(Und wie viel ist das ungefähr?)

Kapitel 3

Das Ergebnis Ihrer Arbeit ist ein
hilfreiches Produkt oder eine
ordentliche Dienstleistung.?

Das ist gut.
Aber das ist viel zu wenig.

Und was, werden Sie fragen, soll an „hilfreiches Produkt" und „ordentliche Dienstleistung" nicht genug sein? Wieso soll das nicht reichen?
Warten Sie noch ein wenig. Zuerst bin ich mit einer Frage an Sie dran.

Wie verbessere ich
das Leben meiner Kunden?

1/3

Vom sehr buchstäblichen Wert des ganz und gar nicht altmodischen Worts Dienstleistung

Ich beginne auch dieses Kapitel mit Ihrer Antwort.

Ich maße mir an zu wetten, Sie haben nicht über sich nachgedacht, nicht über Ihr Unternehmen oder Ihre Person oder Position, sondern über Ihre Funktion oder Ihre Branche.

Als Bäcker haben Sie wohl geschrieben: „Ich verbessere das Leben meiner Kunden, indem ich schmackhaftes Brot backe." Als Abteilungsleiter für Damenmode in einem Kaufhaus: „Ich verbessere das Leben meiner Kundinnen, indem ich ihnen exzellente Damenmode zur Verfügung stelle und sie bei der Auswahl gut berate." Als Stahlindustrieller: „Ich verbessere das Leben meiner Kunden, indem ich hervorragenden Stahl erzeuge." Als Bademeister: „Ich verbessere das Leben meiner Kunden, indem ich es rette."

Dieser Zugang ist planwirtschaftlich, und zwar in mindestens spätsowjetischem Ausmaß.

Dieser Zugang beschneidet Sie in Ihrer beruflichen Wirksamkeit, verleugnet einen erheblichen Teil Ihrer gesellschaftlichen Verantwortung und nimmt alles Gestalterische und alles Spielerische aus Ihrem professionellen Gestaltungsspielraum.

Dieser Zugang bringt weder Sie noch Ihr Unternehmen noch Ihre Vorgesetzten noch Ihre Kunden weiter, und er bringt Ihre Konkurrenten um den hilfreichen Ansporn einer inspirierenden Herausforderung.

Außerdem sabotiert er Ihre Marktposition und kostet Sie relativ viel Geld.

Es geht in diesem Kapitel nicht darum, Brot zu backen, Ertrinkende zu retten, Damenmode anzubieten oder Stahl zu kochen. Das können Sie. (Wenn nicht, dann kann Ihnen dieses Buch ohnehin nur sehr eingeschränkt helfen.)

Es geht hier gar nicht darum, was Sie tun. Sondern wie Sie es tun. Wie Ihre Persönlichkeit darin zum Ausdruck kommt, wie Sie einen Mehrwert der Einzigartigkeit erzeugen, wie viel Empathie Sie in Ihr berufliches Tun zu investieren imstande sind, wie genau Sie Ihre Kunden kennen und kennenlernen und kennenlernen wollen, ihre Bedürfnisse, ihre Sehnsüchte.

Es geht darum, mit welcher Einstellung Sie backen, retten und kochen. Ob Sie bereit sind, Ihr professionelles Tun ernsthaft in den Dienst des Wohls Ihres Kunden zu stellen, ohne sich selbst mit abgenudelten Unterwürfigkeits-Floskeln der Liga „Der Kunde ist König“ abzuspeisen.

Denn es geht in all dem nicht um Unterwürfigkeit.

Unterwürfigkeit ist nur die vertrocknete, kleine und ein bisschen dümmliche Schwester der Überheblichkeit.

Es geht um bewusste und selbstbewusste Dienstbarkeit. Es geht um persönlichen Anspruch, um eine zeitgemäße Weiterentwicklung dessen, was man früher „Handwerksstolz“ nannte.

Es geht darum, Ihre eigene Arbeit daran zu messen, ob Ihr Kunde wirklich was davon hat, was Sie tun. Ob sein Leben durch Sie besser wird, durch Ihr unverwechselbar persönliches Tun, nicht durch die Existenz Ihrer Branche.

Und es geht vor allem darum, eine Dienstleistung im innersten Sinn des Wortes zu erbringen. Ihrem Kunden mit dem, was Sie tun, einen Dienst zu erweisen, und dabei die beste Leistung zu erbringen, zu der Sie in der Lage sind.

Wahrscheinlich kommt Ihnen das alles jetzt so moralinsauer und altmodisch vor, dass Sie entweder schon aufgehört haben zu lesen oder ein paar Fragen haben, zum Beispiel die folgenden:

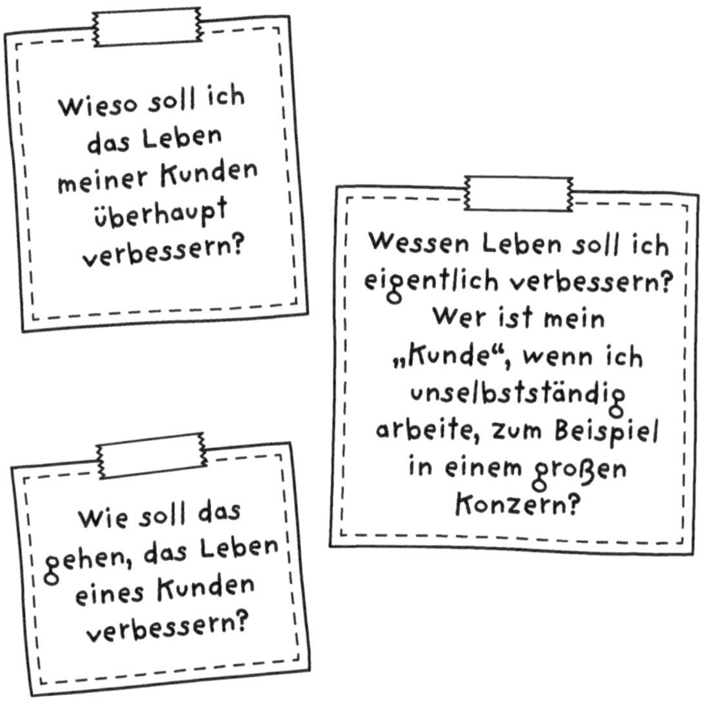

Zu Ihrer ersten Frage:
Wieso soll ich das Leben meiner Kunden überhaupt verbessern?

Antwort:
Weil es für ihn wichtig ist. Weil es die Menschheit weiterbringt, wenn einer das Leben des anderen besser macht.

Und wenn das nicht reicht: Weil es für Sie mindestens genauso wichtig ist wie für Ihren Kunden und für die Menschheit.

Weil Sie, wenn Sie eine Arbeit ohne wirklichen Nutzen erbringen, wenn Sie niemand anderen erreichen, wenn Sie niemand anderen bereichern, letztlich nur für sich arbeiten. Bestenfalls für Kohle. Und das ist professionelle Selbstisolation, schrecklich, nämlich zuallererst für Sie, siehe Kapitel 2.

Weil es unsere Gesellschaft bereichert, wenn Sie Ihre Arbeit nicht auf die Komfortzone des Erwartbaren beschränken.

Weil es Ihr Marketing – Ihr persönliches wie Ihr unternehmerisches – klarer, einfacher und wirkungsvoller macht, wenn Sie es an Ihrer Fähigkeit ausrichten, das Leben Ihrer Kunden zu verbessern.

Bevor Sie über Marketing oder Werbung überhaupt nachdenken, denken Sie darüber nach, wie die Leute merken, dass Sie und Ihr Wirken gut für sie sind.

Schaffen Sie es, das in einem oder zwei unmissverständlichen Sätzen auszudrücken?

Jetzt ist ein passender Moment zum Hinweis auf ein großes Missverständnis.

Professionalität, denkt man, habe einherzugehen mit Kälte und Zynismus, Kunden seien nicht als Menschen zu sehen, sondern als Füllmaterial für Tabellen und Tortendiagramme, und wenn man sich für den Kunden wirklich als Mensch interessiert, dann nur, um ihn möglichst bis in die Kapillaren hinein auszuhorchen, mit dem herausgelockten Wissen an ihm herumzumanipulieren, und alles das professionell zu finden.

Dabei ist es ekelhaft.

Es steckt eine unwiderstehliche Kraft in der Reinheit, das aufrichtig Beste für seinen Kunden zu wollen. So gut wie möglich für ihn zu arbeiten. Ihn zu seinem Nutzen kennenzulernen, nicht zu seinem Schaden.

Sie halten das für naiv? Für gutgläubig? Gutgläubigkeit und Klugheit bilden kein Gegensatzpaar. Das tun Klugheit und Dummheit, und das tun Gutgläubigkeit und Durchtriebenheit.

Kombinieren Sie Klugheit und Gutgläubigkeit. Es wird sich in jeder Hinsicht lohnen. Und wenn es Ihnen nur dabei hilft, auf Ihren Sicherheitsabstand zu Dummheit und Durchtriebenheit zu achten.

Die Leute spüren das, ob man ihnen aufrichtig begegnet. Und Sie selbst spüren das auch. Sie gehen abends glücklicher und erfüllter nach Hause.

Sich ehrlich zu bemühen bereitet Freude.

Und wenn Sie so gut arbeiten, wie Sie das nur irgendwie können, verbessert das außerdem die Welt. (Wenn Sie Drogen-, Menschen- und Waffenhändler sind oder Massentierhaltung betreiben, vertraue ich an dieser Stelle Ihrer Unerreichbarkeit für Nachrichten aus dem Reich der Moral.)

Zu Ihrer zweiten Frage:

Wessen Leben soll ich eigentlich verbessern? Wer ist mein „Kunde", wenn ich unselbstständig arbeite, zum Beispiel in einem großen Konzern?

Antwort:

Ihr Kunde ist die Person, von der Sie Ihr Geld bekommen oder die direkt darüber entscheidet, ob Sie Ihr Geld bekommen und wie viel das ist.

Wenn Sie in einem großen Konzern arbeiten, dann ist das möglicherweise nicht die Person, die Sie als Kunde bezeichnen, sondern Ihr direkter Vorgesetzter.

Es ist übrigens wichtig, dass Sie Ihren Kunden persönlich mögen.

Wenn Sie in einem Konzern arbeiten und Ihren Vorgesetzten nicht mögen, werden Sie daran scheitern, sein Leben zu verbessern. Ändern Sie das also. Plan A: Suchen Sie die offene Aussprache. Plan B: Wechseln Sie, sobald Ihnen das möglich ist, die Abteilung. Plan C: Wenn Sie sich für den besseren Vorgesetzten halten, bewerben Sie sich um seine Position. Wenn Ihnen das außerdem respektvoll, konstruktiv, an der Sache interessiert und unverblümt gelingt, werden Sie an Ihrem innerbetrieblichen Ungehorsam wachsen, egal wie die Sache ausgeht.

Ihre dritte Frage:

Wie geht das, das Leben eines Kunden verbessern?

Antwort:

Das herauszufinden ist eine Übung in Empathie. Aber Empathie ist ein recht wolkiges Feld, wenn man sich konkrete Denk- und Handlungsanregungen erwartet.

Beim Festzurren können möglicherweise ein paar Fragen helfen:

Kennen Sie Ihren Kunden wirklich? Seine Lebensumstände? Seine Sorgen, Nöte und Ängste, die Sie mit Ihrer Arbeit lindern können?

Wissen Sie um seine Wünsche und Bedürfnisse, die Sie mit Ihrer Arbeit erfüllen können? (Wirklich? Ist es ein Wissen? Oder nur ein Vermuten?)

Achten Sie im Alltag bewusst auf das Lindern und das Erfüllen? Ist es Grundlage Ihrer Handlungen und Entscheidungen?

Können Sie den kostenlosen Zusatznutzen zu Ihrem Produkt oder Ihrer Dienstleistung benennen, der Sie für Ihre Kunden unverwechselbar macht? (Das kann ein sehr atmosphärischer sein oder ein ganz praktischer, das ist ziemlich egal.)

Es kann außerdem sehr nützlich sein, Ihre Überlegungen mit Abraham Maslows Bedürfnispyramide zu kreuzen. Überprüfen Sie, wie glaubwürdig und wie aufrichtig Sie bei Ihrem Kunden wie viele Ebenen erreichen, je weiter unten Ihnen nichts dazu einfällt, desto größer der Nachbesserungsbedarf.

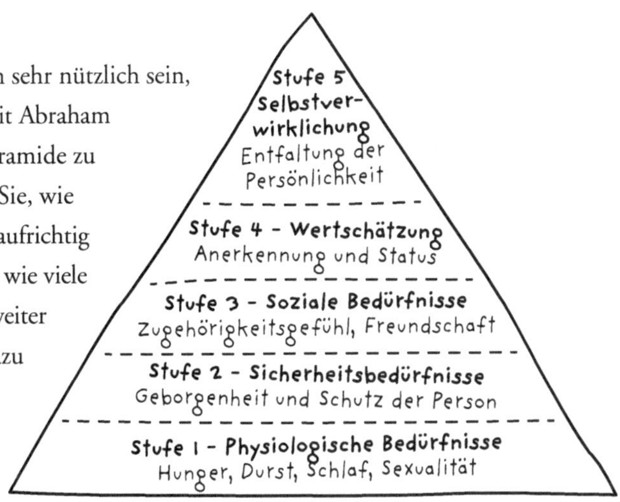

Und?
Was ist
rausgekommen?

Wie verbessere ich
das Leben meiner Kunden?

Kapitel 4

Sinnlosigkeit

Freudlosigkeit

Nutzlosigkeit

Pleite

Krankheit & Tod

Was man gern tut, tut man auf eine Weise,
die den Erfolg ungemein fördert: ausdauernd,
konzentriert, kreativ, leidenschaftlich.
Das gilt auch umgekehrt.
Wie gern tun Sie eigentlich, was Sie tun?

In diesem Kapitel geht es um den Raketentreibstoff der reinen Freude am Tun, unabhängig davon, was dabei rauskommt.

Was aus dem Bereich meiner beruflichen Tätigkeit würde ich tun, wenn ich kein Geld dafür bekäme?

Warum es sich lohnt, im tiefsten Herzen ein Amateur zu sein.

Es gibt zwei grundsätzliche Thesen zu Glück, Freude und Liebe in der Arbeit, und welche Rolle die drei für den Erfolg spielen.

Beide sind schlüssig.

Natürlich widersprechen sie einander.

(Das ist der etwas romantisierende John-Strelecky-Café-am-Rande-der-Welt-Zugang.)

Argumentation der Anhänger dieser These: Du wirst das, was du liebst, ausdauernder, begeisterter, konzentrierter tun. Du wirst die Freude, die du an der Arbeit hast, ausstrahlen und an andere weitergeben. Du wirst alle Mühen mit der Kraft überwinden, die nur aus der Begeisterung entstehen kann. Das Ergebnis wird deswegen herausragend gut sein. Du wirst wenig Bedarf haben, Arbeits- und Freizeit strikt zu trennen, weil dich die Arbeitszeit erfüllt.

Das Geld wird folgen.

Du wirst erfolgreich und glücklich sein.

(Das ist der ein bisschen neoliberale Im-Silicon-Valley-seit-ungefähr-fünf-Jahren-übliche-Zugang.)

Argumentation der Anhänger dieser These: Du wirst mit dem, was du mühelos besser beherrschst als die meisten anderen, wie selbstverständlich ein so hohes Leistungsniveau erreichen, dass das Ergebnis deiner Arbeit herausragend gut sein wird. Du wirst im Alltag deiner Arbeit so viel Energie sparen, dass du Hindernisse mit aller Kraft überwinden kannst. Du wirst in sehr wenig Arbeitszeit sehr produktiv sein. Du wirst die Fähigkeit entwickeln, Arbeits- und Freizeit so strikt zu trennen, dass deine Freizeit unbelastet ist von Gedanken an die Arbeit.

Das Geld wird folgen.

Du wirst erfolgreich und glücklich sein.

Wenn Sie zur überschaubar großen Gruppe der Menschen gehören, die in diesen Thesen keinen Gegensatz erkennen, weil Sie das, was Sie tun, ohnehin mit wenig Mühe, viel Liebe und leichter Hand atemberaubend erfolgreich tun, dann werden Sie auf den kommenden Seiten nichts Wesentliches erfahren.

Sie leben in einer Schnittmenge der Begnadeten.

Tun Sie weiter wie bisher, seien Sie dem Leben dankbar und begegnen Sie dem Heer der Unglücklichen mit Nachsicht und Großzügigkeit, wir sehen einander in Kapitel 5 wieder, ab Seite 149.

So, jetzt sind wir Unbegnadeten unter uns.

Uns, der Mehrheit außerhalb der Schnittmenge, geht es ungefähr so:

Wir haben das mehr oder weniger unbestimmte Gefühl, dass uns das, was wir tun, in eine ökonomische Sackgasse führt. Wir haben zwar das Gefühl, irgendwann unserem Herzen gefolgt zu sein, zumindest einer Art Ahnung oder einer Laune, bei der Auswahl einer Ausbildung, eines Berufs, eines Arbeitsplatzes, aber eigentlich geht schon lange nichts weiter.

Oder wir fragen uns, ob wir überhaupt den richtigen Job haben, im richtigen Unternehmen, ob wir das Start-up hochziehen, das uns wirklich entspricht, ob wir wirklich das richtige Unternehmen leiten, oder ob das, was wir zwischen Montag Früh und Freitag Abend tun, nicht in Wahrheit eine Falle ist, in die wir irgendwie geraten sind.

Wir denken, dass eine mittelleichte depressive Verstimmung zum Sonntagabend gehört. Dass es normal ist, montags nicht aus dem Bett zu kommen, selbst wenn man eigentlich vom Wochenende erholt sein sollte, selbst wenn man eigentlich ausreichend Schlaf hatte und Kapitel eins eigentlich folgsam durchgearbeitet hat.

Wir betreiben entweder zu viel Aufwand oder erreichen kein ausreichend gutes Ergebnis.

Dieses Dilemma reibt uns mit der Zeit auf.

Irgendwann kapitulieren wir und kippen erschöpft auf eine Seite: Wir minimieren den Aufwand, ohne aufs Ergebnis zu achten. Oder wir optimieren das Ergebnis, ohne den Aufwand im Blick zu haben.

Das macht uns zynisch, unproduktiv, sperrig und alt.

Ich glaube, das muss alles nicht sein. Oder genauer gesagt: Ich glaube, das sollte nicht sein. Wenn Sie Sonntag Abend trüber Laune sind und montags nicht aus dem Bett kommen, dann ist das ein freundlicher, aber deutlicher Hinweis von Ihnen an sich selbst: Sie tun sehr wahrscheinlich beruflich etwas, das Ihnen keine Freude bereitet. Sie mögen schlicht und einfach die Tätigkeit nicht, mit der Sie 40 und vielleicht mehr Stunden pro Woche verbringen.

Seien Sie dankbar für das Signal und gestatten Sie sich, natürlich ganz unverbindlich, ein paar Minuten lang ein paar Gedanken. Wie das denn wäre, wenn Sie sich Sonntag Abend auf Montag Früh freuen könnten, zum Beispiel.

Wie würde sich das anfühlen?

Was würde das für Ihr Leben bedeuten?

Sie ahnen schon: Ich halte die Liebe zum Tun nicht nur für die sympathischere, sondern auch für die belastbarere und nachhaltigere Grundlage für beruflichen Erfolg als das möglichst mühelose Abarbeiten der Begabungen.

Es folgen achteinhalb Argumente für These 1, achteinhalb Gründe dafür, als Amateur im reinsten Sinn des Wortes an die Arbeit zu gehen, aus Liebhaberei, und diese Liebhaberei als Grundlage der Professionalität zu sehen, nicht als ihren Widerspruch.

Es ist übrigens nicht nur zynisch, Amateurismus und Professionalität als Widerspruch zu bezeichnen, sondern auch falsch. Amateurhaftigkeit im innersten Sinn des Wortes, die Liebe zum und die Freude am Tun, ist Grundlage einer dauerhaften Professionalität.

Wer im Herzen kein Amateur ist, wird im Hirn nie ein Profi sein.

2/4

Achteinhalb Gründe, beruflich das zu tun, was Ihnen so richtig Freude macht

Grund zur Freude 1: Es misst Erfolg umfassender und tiefer.

Ihr Arbeitsleben prägt Ihr Leben. Erfolg im Arbeitsleben ausschließlich am wirtschaftlichen Ergebnis zu messen, ist also folgenschwer traurig, mühselig und kurzsichtig.

Geld, wie wir wissen, kann nur einen begrenzten Beitrag zu Ihrem Lebensglück leisten: Sie können dafür kaufen, was es halt so für Geld zu kaufen gibt. Den unbezahlbaren Rest gibt's nur kostenlos. Es gibt kein vollständiges Lebensglück ohne Glück im Arbeitsleben. Arbeitslebensglück ist daher ein zentraler Teil Ihres professionellen Erfolgs.

Grund zur Freude 2: Es nimmt den direkten Weg zu Lebensfreude.

Sie können durch freudlose, disziplinierte Produktivität viel Geld erwirtschaften. Dieses Geld können Sie für Dinge verwenden, die Ihnen in der Freizeit die Last und das Leid der Arbeitszeit zu lindern oder zu vergessen helfen. Das ist ein, mit Verlaub, wenig intelligenter Umweg (und er ist zudem auch der Gesundheit selten zuträglich).

Der direktere Weg zu Lebensfreude führt über die Freude an der Arbeit, über die Freude am schlichten Tun. Wenn Sie in Ihrer Arbeitszeit etwas tun, was Sie lieben, haben Sie den short cut zu Lebensfreude, Zufriedenheit und Glück entdeckt. Und tun nebenbei was für Ihre Gesundheit.

Grund zur Freude 3:
Es befreit Leistung von Ergebnis.

Auf Ihre eigene Leistung haben Sie vollständigen Einfluss. Auf nichts sonst, und nein, leider auch nicht auf das Ergebnis Ihrer Leistung. Das ist insofern eine bestenfalls mittelgute Nachricht, weil wir ja nicht in einer Leistungs-, sondern in einer Erfolgsgesellschaft leben.

Sich im Leben auf das zu konzentrieren, was man beeinflussen kann, ist eine Voraussetzung für Glück, ein Grundgesetz jedes gelungenen Lebens.

Wenn Sie Ihre Arbeit nur daran messen, welchen Effekt Sie damit erzielen, begeben Sie sich in Abhängigkeit von anderen Menschen, von Umständen, von schlichtem Glück und Pech. Und damit brechen Sie dieses Grundgesetz der Konzentration auf den eigenen Einfluss.

Grund zur Freude 4:
Es nimmt lästige Emotionen raus.

Wenn Sie beruflich tun, was Sie lieben, sind Ihr Gehalt und Ihr Honorar kein Schmerzensgeld und keine Aufwandsentschädigung mehr (ein Wort, das Aufwand mit Schaden gleichsetzt, sollte in Ihrem Wortschatz ohnehin keinen Platz haben).

Ihr Gehalt und Ihr Honorar sind dann Gegenleistungen für die von Ihnen erbrachten Leistungen. Das erleichtert Kalkulationen und Verhandlungen, macht sie wunderbar sachlich, entkompliziert die Zusammenarbeit mit Geschäftspartnern und Vorgesetzten.

(Und lassen Sie Ihr Gehalt oder Ihr Honorar niemals mit dem Argument „Sie tun doch ohnehin gerne, was Sie tun" runterhandeln. Niemals. Antworten Sie zum Beispiel: „Weil ich es gerne mache, mache ich es auch so gut, dass es Ihnen Nutzen bringt.")

Grund zur Freude 5:
Es führt Sie ohnehin an Ihr wahres Talent.

Ein geborener Gewichtheber kann Stabhochsprung und modernen Balletttanz noch so sehr lieben: Er wird keinen ernsthaften Versuch unternehmen, als professioneller Leichtathlet oder Solotänzer Weltkarriere zu machen. Und wenn doch, wird er sehr schnell seine ökonomischen Grenzen in diesen Disziplinen erkennen.

Amateurismus ist nicht Stümpertum.

Wenn man für etwas brennt, wenn man eine tiefe Leidenschaft und Liebe für etwas empfindet, dann ist man darin nicht unfähig. So zynisch ist das Leben nicht. (Und wenn doch, dann nimmt der Gewichtheber aus dem vergeblichen Springen und schwerfüßigen Tanzen Lebenslektionen mit, die ihm später den Weg zum Weltmeistertitel im Reißen ebnen.)

Grund zur Freude 6:
Es hält Ihren Lebensweg jung.

Sie verlieren die Lust an dem, was Sie immer geliebt haben?

Die große Liebe Ihres Arbeitslebens erkaltet?

Kann passieren. Vielleicht haben Sie dann zu Beginn nicht genau genug in sich reingefühlt, vielleicht haben Sie einer Laune nachgegeben statt einem Wesenszug.

Und wenn doch nicht?

Wenn es eine echte, große Liebe war, die einfach vorbei ist?

Dann ist Zeit, respektvoll mit ihr abzuschließen und einer neuen Liebe zu folgen.

Es geht in der Liebe Ihres Arbeitslebens nicht um Treue zu jemand anderem. Es geht um Treue zu Ihnen selbst, zu Ihrem Glück, Ihrer Erfüllung. Das ist eine Treue, die sich nicht in Ewigkeiten misst, sondern in der Gegenwart.

Grund zur Freude 7:
Es sichert das Risiko ab, das in jedem Unternehmen und in jeder Karriere steckt.

Das ist jetzt der schicksalsergebene Grund.

Den mögen viele nicht.

Denn er berücksichtigt die wenig erfreuliche Tatsache, dass Sie auch mit der großartigsten Leistung niemals das Restrisiko eines unbefriedigenden Ergebnisses ausschließen können, wie schon unter Punkt 3 ausgeführt: Ihre Leistung gibt Ihnen immer Zugriff auf Erfolgswahrscheinlichkeiten, niemals auf Erfolgsgarantien.

Das können Sie nicht ändern.

Angenommen also, Sie tun, was Sie lieben. Sie tun es gut. (Oder vielleicht auch weniger gut, das ist in diesem Fall sogar egal.) Und Sie scheitern. Sie werden gefeuert, Ihr Start-up versandet, Ihr Unternehmen geht pleite, Sie verlieren Ihren Job. Kann alles passieren.

Dann ist der schlechteste Fall eingetreten.

Und was war?

Sie haben eine gewisse Zeit lang etwas getan, was Sie mit Freude erfüllt hat. Das ist ein worst case, klar, aber bei Weitem nicht der schlechteste.

Grund zur Freude 8:
Es verwendet die richtige Energiequelle.

Wir wissen, dass uns Disziplin durch heikle Situationen hilft, aber dass Disziplin nicht als Treibstoff für die Langstrecke taugt. Disziplin ist ein Treibstoff, der den Motor ausbrennt, wenn er zu lange verwendet wird.

Die Energie, die Ihnen unerschöpflich zur Verfügung steht, ist Lust am Tun. Lust am Tun ist kostenloser Raketentreibstoff, der niemals ausgeht.

Grund zur Freude 8,5: Andere sagen das auch.

Zuerst Steve Jobs (kein Buch, das sich mit Erfolg beschäftigt, ohne Steve-Jobs-Zitat!) aus seiner legendären 2005er-Rede an die Absolventen der Stanford University:

„There is no reason not to follow your heart."

(Es ist auch die Rede mit dem „Stay hungry, stay foolish"-Zitat.)

Dann John Strelecky im Weltbestseller „Das Café am Rande der Welt".

Es geht darin um einen Mann, der bei einer seltsamen Autofahrt in einem seltsamen Café strandet. Dessen seltsames Personal bringt ihm in seltsamen Dialogen den sogenannten „Zweck der Existenz" nahe.

Das Buch hat Streleckys Weltruhm begründet.

Hier das Kapitel 10, Zitat Anfang:

„Sind Sie jemals Menschen begegnet, die absolut begeistert von dem waren, was sie jeden Tag taten? Die ihre Zeit offenbar mit etwas verbrachten, das ihnen wirklich Spaß machte?"

Ich überlegte.

„Nicht vielen", sagte ich, „aber ich kenne ein paar Menschen, auf die diese Beschreibung passt."

„Machen diese Menschen ihre Sache gut?", fragte Casey. „Aber natürlich", antwortete ich etwas sarkastisch. „Bei all der Zeit, die sie darauf verwenden, sollten sie ihre Sache schon gut beherrschen. Ich meine, sie lesen in ihrer Freizeit darüber, sie sehen sich Sendungen im Fernsehen darüber an, sie besuchen Kongresse zum Thema …"

„Und haben sie das, was sie tun, nicht irgendwann satt?", hakte Casey nach.

„Nein", antwortete ich. „Offenbar können sie nicht genug davon kriegen. Es ist, als würden sie Energie daraus schöpfen und …", ich hielt mitten im Satz inne.

Casey lächelte mich an. „Haben Sie den Eindruck, dass diese Leute große Schwierigkeiten haben, Arbeit zu finden?"

Ich zögerte erneut. „Nicht die Leute, die ich kenne. Sie verstehen so viel von dem, was sie tun, und sind so begeistert davon, dass jeder sich bei ihnen Rat holt."

„Ich könnte mir vorstellen, dass es sich um ziemlich positive und energiegeladene Menschen handelt", sagte Casey. „Wahrscheinlich brauchen sie keinen Abstand vom Alltag, um ihre Batterien wieder aufzuladen."

Ich ließ Caseys Bemerkungen in mir nachwirken. Es war eine interessante Betrachtungsweise. Wie wäre es, die Zeit stets mit Dingen zu verbringen, für die ich mich begeisterte? Wie würde mein Leben dann wohl aussehen? „Aber wie sieht es mit dem Geld aus?", fragte ich. „Wenn man etwas gut kann oder viel darüber weiß, bedeutet es noch lange nicht, dass man viel Geld dafür bekommt. Vielleicht ist man stets in der Lage, Arbeit zu finden, aber wird man auch gut bezahlt?" Ich war jetzt etwas zufriedener mit mir selbst, da mir dieses Argument eingefallen war. „Denn", fuhr ich fort, „wer weiß schon, welche Dinge ein Mensch für sich als erfüllend erachten würde."

„Ich verstehe", sagte Casey. „Nun, denken wir doch einmal an das schlimmstmögliche Szenario, was das Geld angeht. Jemand könnte ein Leben führen, bei dem er jeden Tag das tut, was seiner Bestimmung entspricht. Aber er verdient damit nicht viel Geld. Oh, das wäre sehr tragisch! Stellen Sie sich nur die Folgen vor. Möglicherweise kommen Sie zu dem Ergebnis, dass Sie ein Leben führen, das stets den Zweck Ihrer Existenz erfüllt. Sie können Ihr ganzes Leben damit verbringen, was Sie wirklich tun möchten, da Sie herausgefunden haben, warum Sie hier sind, aber", sie zögerte, „möglicherweise haben Sie im Alter von 65 Jahren nicht genügend Ersparnisse für Ihren Ruhestand. Was dann? – Ich nehme an, Sie müssten weiterhin die Dinge tun, die Sie gerne tun. Das wäre in der Tat tragisch." Ihre Stimme hatte mittlerweile einen pseudodramatischen Ton angenommen.

Zitat Ende.

(John Strelecky: Das Café am Rande der Welt. Eine Erzählung über den Sinn des Lebens. dtv, München 2007)

Dann Günter Bresnik.

Er ist der Günter von Seite 9 dieses Buchs.

Ich kenne ihn seit Ende der 1980er, als er Horst Skoff trainierte, später Boris Becker und andere Tennisspieler der Weltklasse. Seine Arbeit mit Dominic Thiem dauerte von dessen siebentem bis zu dessen 25. Lebensjahr. Ich konnte sie fast über die gesamte Dauer in Echtzeit mitverfolgen. Günter und ich freundeten uns unterwegs an.

Um Günters Arbeit mit Dominic Thiem soll es jetzt gehen. Sie zeigt, wie fundamental gut Freude, Begeisterung und Leidenschaft sogar unter den extremsten Bedingungen alles zum Gedeihen bringen können.

Freude, Begeisterung und Leidenschaft sind der Löwenzahn, der auf jedem noch so asphaltierten Parkplatz einen Spalt findet.

Ein nicht ganz uneigennütziger Buchtipp (siehe nebenstehenden Disclaimer) für alle, die mehr über besondere Sternenkonstellationen erfahren möchten.

Sie können, was ich auf den nächsten paar Seiten zusammenfasse, sehr detailreich, biografisch hergeleitet und in weltanschauliche Zusammenhänge gesetzt, in Günters Buch „Die Dominic-Thiem-Methode“ nachlesen. (Disclaimer: Ich habe ihm beim Schreiben assistiert.)

Es ist eine in jedem Aspekt atemberaubende Geschichte.

Sie hat was von einer Sternenkonstellation des Spitzensports, wie sie nur alle 487 Jahre eintritt.

Falls Sie sich nicht für Tennis interessieren, nehme ich die Pointe vorweg, dann können Sie die nächsten Seiten überspringen:

Alles, was passierte, konnte nur deswegen in dieser Konsequenz und Zuspitzung passieren und nur deswegen auch diesen durchschlagenden Erfolg erzielen, weil Dominic Tennis unglaublich liebte, nämlich das Tennisspielen an sich, die schiere Betätigung, mit einem Schläger auf einen Ball zu hauen. Und weil Günter das erkannt, weil er das auf seine Belastungsfähigkeit überprüft und für tragfähig genug befunden hatte.

Dominics Liebe zum und Leidenschaft für den Sport ist das Fundament, auf dem seine Karriere steht.

Jetzt zur Geschichte des Aufbaus dieser Karriere, und wie die Sterne zueinander standen.

Auf der einen Seite Günter Bresnik.

Günter ist privat ein weich- und warmherziger, empfindsamer und liebevoller Mensch. Er weiß Privates vom Beruflichen erstklassig zu trennen, da brilliert er in den Kerndisziplinen zeitloser Sportpädagogik: einem Hang zu Eigenbrötlerei und Prinzipienreiterei, Detailversessenheit und Lust am Konflikt. (Wenn man ihn fragte, was er denn Dominic als Nächstes unbedingt beibringen müsse, sagte er immer, egal ob Dominic 12 war oder 21, zwei Wörter: „Konfliktbereitschaft" und „Belastungsverträglichkeit".)

Günter mag die grammatikalische Form des Imperativs. Der Konjunktiv erscheint ihm unnütz.

Es ist ihm gleichgültig, was andere von ihm denken, außer sie haben sich dafür qualifiziert, dass er ihr Urteil hört, aber das passiert ihm selten.

Günter folgt in grimmigem Vertrauen seinem – tatsächlich erstaunlich sicheren – Instinkt für den direktesten und beschwerlichsten Weg zu einem Ziel. Er verachtet Menschen, die zum Durchschwindeln neigen, Abkürzungen suchen oder Erleichterungen zustreben. Vor allem weil mit ihnen kein Ziel zu erreichen ist. Er sieht sie als Verräter an der Sache.

Günter ist intellektuell einigermaßen overdressed für den Beruf des Tennistrainers, aber er ist ihm zugleich auf sonderbare Weise verfallen. Er nimmt den Job vielleicht einen Hauch ernster, als das der Job verlangt: Er folgt nicht der 80/20-Regel, sondern hat die 180/120-Regel begründet.

Die Polarität von rationaler Unter- und emotionaler Überforderung macht den Tennistrainer Günter Bresnik zum Atomkraftwerk: außen Betonblock, innen Kernfusion.

Günter arbeitet nicht an seinem Schützling, sondern mit seinem Schützling (oder, wenn es sein muss, gegen ihn) an der Gestaltung des Zielbilds, das er von der Leistungsfähigkeit seines Schützlings hat.

In anderen Worten: Günter ist nicht dein Trainer, sondern der Dienstleister des besten Tennisspielers, der du sein kannst.

Ihr ist er verpflichtet, nicht dir. Das ist sein Berufsethos.

Er gestaltet Intensität, Frequenz und Dauer der Trainingseinheiten so – und das ist ernsthaft große Trainerkunst –, dass er dich haarscharf an deine tatsächliche Belastungsgrenze drängt, da sind sämtliche Komfortzonen längst außer Sichtweite.

Das Training mit Günter hat relativ häufig etwas von einer Nahtoderfahrung. Aber du stirbst nie. Darauf kommt es ihm auch an: Irgendwann kapierst du, dass du nicht stirbst, auch wenn es sich zehnmal so anfühlt. Du übst Vorhand, Rückhand und Aufschlag, aber was du wirklich lernst, ist das Überleben, das Überstehen, das Durchhalten, das Bewältigen. Das wird dir später im Leben helfen, wenn du zum Beispiel gegen Nadal in Paris in einen fünften Satz gehst. Oder wenn du vor der entscheidenden Prüfung deines Medizinstudiums Nächte durchlernst oder wenn du sieben Kinder großziehst oder wenn du ein Unternehmen aufbaust.

Günter hält Leistungssport überhaupt für die beste Lebensschule: Selbst wenn du mit 16 aufhörst und nie wieder einen Tennisschläger in die Hand nimmst, war keine Trainingsstunde verloren.

Du hast den Umgang mit Widerständen jeder Art gelernt, das komplizierte Verhältnis von Leistung und Erfolg erfahren und den Umgang mit anderen Menschen geübt, sogar unter erschwerten Bedingungen, denn deine Freunde sind, wenn du junger Leistungssportler bist, nicht einfach deine Freunde, sie sind deine Kollegen und deine Konkurrenten, manchmal sogar zugleich.

Günter ist also der beste Tennistrainer, den du kriegen kannst.

Du musst ihn nur aushalten.

Günter traf als etwa Vierzigjähriger auf Dominic.

Er hatte sich in die erste Reihe der Tenniscoaches auf der ATP-Tour vorgearbeitet, hatte finanziell mehr als nur das Gröbste hinter sich, war glücklich verheiratet, vier Töchter, lebte in einem aufwändig renovierten ehemaligen Bauernhaus. Er hätte es eigentlich ruhiger angehen können.

Wäre da nicht die Kernfusion im Inneren des Betonblocks.

Günter war langsam bereit für das, was man in angeseheneren Berufen ein Alterswerk nennen würde, für etwas, das nie ein Tenniscoach vor ihm geschafft hatte: aus einem Buben eine Nummer eins der Tenniswelt zu formen. Vielleicht um den endgültigen Beweis zu erbringen, dass seine rationale Durchdringung des Sports tief genug war, um sich emotional von ihm zu befreien, aber das ist jetzt nur eine Vermutung.

Günter war jedenfalls ready.

Er wusste, er kann das.

Was ihm fehlte, war ein Spieler.

Ein Kind, das bereit war.

Eine Familie, die bereit war.

An dieser Stelle betritt Dominic Thiem die Bühne.

Dominics Vater Wolfgang arbeitete als Trainer in Günters Tennis-Akademie, das war der Kontakt. Wolfgang und seine Frau Karin, beide Tennislehrer, hatten einander beim Tennisspielen kennengelernt, sie betrieben gemeinsam eine Tennisschule, wie es sie in den 1990ern in jedem Dorfclub gab. Den kleinen Dominic, der das Paar früher zur Familie machte als vorgesehen, parkten die beiden, Anfang 20, im Kinderwagen neben dem

Tennisplatz. Es gibt farbverwackelte Videos, auf denen der Zweijährige mit der Fliegenklatsche Luftballons jagt.

Der Bub war ungefähr sieben, als Wolfgang damit begann, hin und wieder in der Mittagspause in Günters Akademie auf einem freien Platz mit ihm zu spielen. Er ersuchte Günter, einen Blick auf seinen Sohn zu werfen, er bat um ein Urteil, vielleicht ein paar Tipps.

Günter sah zu, gab Tipps, hin und wieder spielte er selbst eine Stunde mit dem Buben. Da war Wohlwollen, aber noch kein Engagement im ernsthafteren Sinne. Das begann fünf Jahre später, als Dominic in Frankreich als Zwölfjähriger eines der größten Jugendturniere der Welt gewann.

Nachdem Wolfgang und Dominic heimgekehrt waren, sagte Günter einen relativ legendären Satz:

„Ab jetzt machen wir es richtig."

Dann zog er alle Register. Sie haben nach den vorigen Schilderungen schon eine Ahnung, was „alle Register" ungefähr heißen könnte. Ihre Ahnung untertreibt. Günter war chirurgischer und brachialer denn je. Er arbeitete mit einem Skalpell, das von außen aussah wie ein Beil.

Sein Meisterwerk legte Günter ganzheitlich an, im wörtlichen Sinn. Es umfasste Persönlichkeit, Familie, Freunde, jeder und jede, alles und alle hatten beizutragen.

Wenn die Großeltern gekommen waren, um Dominic vom Training abzuholen, eine Dreiviertelstunde Fahrt hinter sich, und fragten:

„Wie lange dauert's denn noch?"

Antwortete Günter:

„Bis wir fertig sind."

Das waren manchmal zehn Minuten und manchmal zwei Stunden.

Die Großeltern nickten, setzten sich in die Kantine der Tennishalle und bestellten einen Kaffee.

Wenn Wolfgang freitagabends von der Arbeit heimfuhr, dann nicht ohne einen Auftrag von Günter, wie das Wochenende auszusehen hatte: Ob der Bub ein Turnier spielen sollte oder nicht, trainieren oder nicht, wenn ja, was auf jeden Fall und was auf keinen, oder ob er einfach ausschlafen oder mit der ganzen Familie auf den Berg wandern sollte.

Wenn Günter bei der Familie Thiem zu Gast war, übernahm er die Rolle des Hausherrn und tadelte Dominic für Benehmen, das ihm nicht gefiel.

Ich war sehr oft Zeuge von Günters Trainingsarbeit mit Dominic, oft Trainingspartner, und wenn ich mich als überdurchschnittlich fitter Enddreißiger nach zwei gemeinsamen Stunden vom Platz schleppte, ging Günter mit Dominic anschließend noch ein, zwei Stunden die schlagtechnischen Details durch. (Das hatte auch handfest trainingswissenschaftlichen Sinn: Man weiß, dass die Arbeit an der Technik im erschöpften Zustand besonders tief wirkt.)

Ich hielt das alles, was Günter mit Dominic und seiner Familie tat, für übertrieben, für grenzwertig, mitunter für einen Übergriff.

Wenn man herkömmliche Maßstäbe anlegt, hatte ich damit recht. Ich sah ja auch nicht eine zukünftige Nummer eins der Tenniswelt vor mir, sondern einen höflichen und liebenswerten, für sein Alter auffallend kleingewachsenen und zarten Buben, der innerhalb seiner Altersklasse in Österreich gegen die Besten keine Chance mehr hatte, ich sah eine aufopfernd vertrauensvolle Familie und einen Alleinherrscher.

Ich hatte unrecht, denn herkömmliche Maßstäbe hätten das gesamte Projekt scheitern lassen.

Günter dekonstruierte die ganze Lebenswelt des Buben, der als 10-, 11-, 12-jähriger Defensivkünstler seine Gegner in zähe Niederlagen hineinentnervt hatte, der Meistertitel gesammelt hatte, wegen seiner Erfolge als Ausnahmetalent galt. Günter waren die Ergebnisse nicht nur egal, er sah sie als Gefahr: Dominic soll aufhören, falsch zu gewinnen, sagte er, er soll anfangen, richtig zu verlieren.

Er erkannte, dass Dominics Spielanlage ein Ablaufdatum hatte. Mit spätestens 16, 17 Jahren würden ihm die Gegner jeden seiner langsamen Bälle um die Ohren schießen.

Günter verbot Dominic alles, was ihn erfolgreich gemacht hatte.

Dominics Stärke war die Verteidigung: Günter stellte alles auf Angriff um, „volle Post!" bellte er ihm bei jedem einzelnen Schlag im Training zu, „volle Post!"

Dominics bester Schlag war die beidhändige Rückhand: Günter brachte ihm die einhändige bei, weil sie besser zu dem Bild des 20-jährigen Spielers Dominic Thiem in seinem Kopf passte.

Günter zwang Dominic, mit nicht einmal 1,50 Metern Körpergröße den ersten Aufschlag schnurgerade und mit aller Kraft zu schlagen. Es war physikalisch unmöglich, dass der Ball ins Feld ging, aber Günter war nicht an Ergebnissen interessiert, nur an Perspektiven, und Dominic sollte lernen, den Ball schnell zu schlagen, wachsen würde er ja. (Man hatte herausgefunden, dass Dominic spät, aber doch noch wachsen würde, mindestens 1,80, eher 1,85. Günter ließ den nicht einmal 1,60 großen Dominic daraufhin sofort aufschlagen, als wäre er 1,85.)

Der Bub verlor und verlor, er knallte die Bälle verzweifelt, hilflos und haltlos durch die Gegend, das ging über Jahre, und im Training wurde er zum Gotterbarmen hergeschliffen, die Leute schüttelten den Kopf.

Alles lief also nach Plan.

Alles wäre um ein Haar dennoch komplett schiefgegangen. Dominic erwischte mit 16 auf einer Mittelamerika-Tournee ein Darmbakterium. Es blieb über Jahre unentdeckt, die Symptome kamen und gingen, immer wieder war er für Wochen und Monate wie verwandelt, wie ausgebrannt, die Pubertät vielleicht?, dachte man.

Die Karriere stand an der Kippe. Dominic gab Matches auf, was er davor nie getan hatte. Er schleppte sich zum Training, durchs Training, vom Training heim, als hätte er die Freude am Training und an Turnieren verloren, aber wenn er Durchfall bekam oder Blut brach, verriet er niemandem etwas, aus Angst, man würde ihm Training und Turniere verbieten.

(Zum heimlichen Helden von Dominic Thiems Tennis-Karriere machte sich in dieser Zeit Johannes Pidlich, der Primar eines Krankenhauses in Baden bei Wien. Er nahm Dominic stationär auf und untersuchte ihn so lange, bis er den Grund für die Probleme gefunden hatte: ein Bakterium aus der Familie der Campylobacter, die die heimtückische Eigenschaft haben, sich nur in kurzen Phasen zu zeigen. Campylobacter werden nur mit einem diagnostischen Tausend-Gulden-Schuss entdeckt – oder durch besondere Hartnäckigkeit. Bleiben sie unerkannt, schwächen sie ihren Wirten so sehr, dass an Leistungssport nicht zu denken ist. Dass Dominic die Jahre der Erkrankung überhaupt so recht und schlecht überstand, wie er sie überstand, ist ein mittleres Wunder.)

Wenn man Günter nach Dominics Talenten fragte, nach den entscheidenden Anlagen, und wenn man etwas erwartete in der Art von „Er lernt so schnell“ oder „Seine Hand-Auge-Koordination ist einzigartig“, dann kam nichts in der Art.

Es kam immer nur eines:

„Der Kleine liebt nichts so sehr wie Tennis. Nur das hat immer gezählt, das war immer die Grundlage von allem.“

Günter erzählt heute noch davon, wie er den Sieben-, Achtjährigen beobachtete, der, wenn er auf seine Stunde warten musste, den Ball gegen die Wand spielte. Der nicht ruhig sitzen oder stehen wollte, der immer mit einem Ball jonglierte, herumspielte, wie ein Katzenbaby mit dem Wollknäuel.

Dasselbe machte Dominic auch noch mit 14, 15, 16. Wenn er bei einem Jugendturnier auf sein Match wartete, während sich die anderen professionell aufwärmten, ernste Jungprofigesichter, Kopfhörer auf den Ohren, fand er irgendeinen Schläger, irgendeinen Ball und irgendeine Wand.

Als er längst Weltklassespieler war, sich für das ATP-Masters der weltbesten acht Spieler qualifiziert hatte, gemeinsam mit Roger Federer, Novak

Djokovic und Rafael Nadal, stellte Dominics Bruder Moritz ein Video auf Instagram. Es zeigte die beiden bei einem Match im Luxushotelzimmer in London, mit Kinderrackets und einem Schaumstoffball, sie hatten ein Tennisfeld auf den Teppich gemalt und bejubelten jeden einzelnen Punkt, als wäre es der entscheidende in einem großen Spiel.

Wenn man Günter nach den erstaunlichsten Erfahrungen in der Arbeit mit Dominic fragt, sagt er heute noch immer:

„Dass er kein einziges Mal im Training gefragt hat, wie lange es noch dauert. In all den Jahren: kein einziges Mal."

3/4

Nicht Sie haben sich für Ihr Tun zu motivieren. Ihr Tun hat Sie zu motivieren.

Ihre erste Aufgabe ist, dieses Tun zu finden.

Es ist da. Es steckt irgendwo mehr oder weniger tief verborgen in Ihnen drin. Sehr wahrscheinlich gibt es sich Ihnen zu erkennen, wenn Sie sich ein wenig Zeit nehmen, ein wenig Ruhe, sich die Frage stellen, wann Sie zuletzt in einem Tun aufgegangen sind, wenn Sie ein Blatt Papier griffbereit haben und einen Bleistift (oder einen Kindertennisschläger, einen Softball und eine Hauswand, Sie müssen vorläufig auch gar keine Hotelzimmerteppiche bemalen).

Es lohnt, zunächst einmal in Ihrem unmittelbaren beruflichen Umfeld zu suchen:

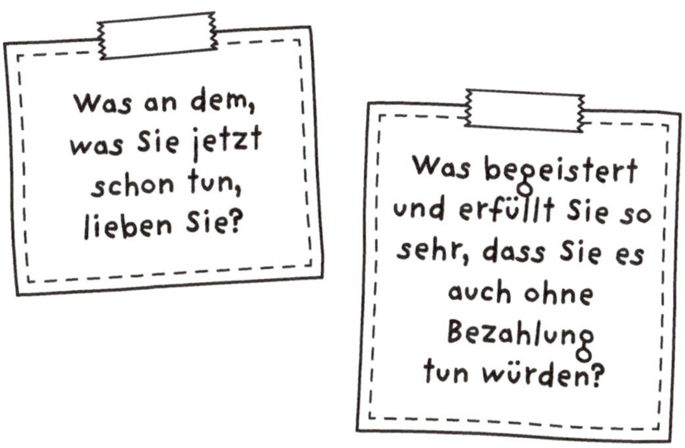

Ihre zweite Aufgabe ist, aber erst danach: Lassen Sie der ersten Aufgabe Zeit zu wirken, Ihre zweite Aufgabe ist also, rund um dieses Tun ein Business-Modell aufzustellen.

Sich selbstständig zu machen.

Ein Unternehmen zu gründen.

Ihren Traumjob zu finden.

Ihren Traumjob zu erfinden.

Oder den Job, den Sie schon haben, neu zu denken. Mehr von dem zu tun, was Sie gerne tun, mit Leidenschaft – und deswegen auch besser, nutzbringender für Sie, Ihr Unternehmen, Ihre Kunden.

Sie werden niemals in Ihrem Berufsleben fürs Verhindern von Fehlern bezahlt, nicht für das Ausmerzen oder Kaschieren von Schwächen, sondern fürs Gestalten und Ausleben von Stärken.

Das heißt konkret: Delegieren Sie jede Arbeit, die Ihr Produkt oder Ihre Dienstleistung nicht unmittelbar besser macht oder in der Sie Ihrem Unternehmen nicht nützen können, sondern lediglich Schaden minimieren, und die Sie nicht deutlich schneller und besser können als jemand anderer.

Probieren Sie's.

Ihr Arbeitsalltag besteht aus Dutzenden von Aufgaben. Erstellen Sie eine Liste der Dinge, die Sie mehr machen möchten, der Dinge, die Sie weniger machen möchten, und der Dinge, die Sie gar nicht mehr machen möchten.

Wichtigstes Wort: „möchten".

Wenn Sie diese drei Listen mit der Wie-soll-das-denn-bitte-gehen-Handbremse erstellen, kommt nichts raus.

Geben Sie Ihrer Begeisterung, Ihrer Freude und Ihrer Leidenschaft Raum, und sie werden sich entfalten.

Vergessen Sie nicht das allerkleinste Einmaleins der Marktwirtschaft: Sie haben etwas, das jemand anderer haben mag.

Dafür erbringt er eine Gegenleistung, zumeist Geld.

WAS ICH MAG

mehr	weniger	gar nicht

Niemand kauft Ihr Brot, weil Sie das mit der Buchhaltung in verzweifelten Nachtschichten doch noch irgendwie hingekriegt haben. Man kauft Ihr Brot, weil Sie ein toller Bäcker sind. (Und wahrscheinlich sind Sie ein toller Bäcker, weil Sie wahnsinnig gern Brot backen. Dann, verdammt noch mal, tun Sie doch das, was Sie lieben und was Ihre Kunden glücklich macht.)

Das alles hat übrigens nichts mit Divenhaftigkeit oder Faulheit zu tun.

Wenn Sie etwas tun, das Sie gut und gerne tun, und wenn Sie sich dazu vor sich und anderen bekennen, dann übernehmen Sie Verantwortung für Ihre Leistung, für Ihre Produktivität und sogar für ein ziemlich großes Stück Ihres Erfolgs.

Sie reagieren dann nicht mehr. Sie agieren.

Wenn Sie sich auf das konzentrieren, was Sie am liebsten tun, exponieren Sie sich. Sie berauben sich aller Ausreden.

(Vielleicht tun sich ja deswegen so viele so schwer damit.)

Wenn Ihnen einmal ein Sonntagnachmittag übrig bleibt, nützen Sie ihn im Übrigen für die Beschäftigung mit dem Ikigai-Modell.

Das sieht so aus:

Wie Sie erkennen, dass Ihre Antwort auf der rechten Seite in die richtige Richtung geht?
Daran:
Der Gedanke, wirklich nur mehr das zu tun, was Sie aufschreiben, fühlt sich ein bisschen unverschämt an.

Was aus dem Bereich meiner beruflichen Tätigkeit würde ich tun, wenn ich kein Geld dafür bekäme?

Kapitel 5

Sinnlosigkeit

Freudlosigkeit

Nutzlosigkeit

Pleite

Krankheit & Tod

Sie können noch sosehr nichts falsch machen, Sie können sogar alles richtig machen. Aber es wird Sie der Frust einholen, unweigerlich, früher oder später. Sie werden keine Freude an Ihrem Erfolg haben, wenn Sie nicht rechtzeitig zur Pflicht eine ganz besondere Kür angehen.

Zum Schluss noch was
fürs Herz und für die Welt.
Eine Rückversicherung, ein
sicherer Hafen, eine Ladestation
im Alltag. Und die ertragreichste
Altersvorsorge, die Sie jemals
haben werden.
Es geht um den Gutmensch in
Ihnen und um seinen Egotrip.

Welchen Werten will ich
mehr Bedeutung in der Welt geben?

Wie verbessere ich durch
mein berufliches Tun die Welt?

5/1

Wieso es schlau ist, die Welt besser machen zu wollen

Wir hatten ja gerade mit Tennis zu tun. Und da ich mich erstens in kaum einer anderen Sache besser auskenne (eben weil mich wenig anderes so begeistert), und weil ich zweitens Tennis für die endgültige Lebensmetapher halte, gestatten Sie bitte, dass wir noch kurz dabeibleiben, aus Illustrationsgründen.

Es geht um Novak Djokovic.

Der Serbe hatte zunächst einmal das überschaubare Glück, als eigentlich bester Spieler der Geschichte in eine Epoche mit den beiden anderen besten Spielern der Geschichte hineinzuwachsen, mit dem unerreichbaren Roger Federer und mit Rafael Nadal, der den Unerreichbaren überholt hatte.

Zu Djokovic' Mangel an Glück kam dann noch ein bisschen Pech: Die anderen beiden Besten der Geschichte haben, egal wo auf der Welt sie spielen, Heimvorteil. Djokovic bestreitet, sobald er außerhalb von Belgrad spielt, ein Auswärtsmatch.

Djokovic ist kein schlechter Kerl, aber er wurde als bad guy besetzt.

Er hat sich beeindruckend an Federer und Nadal abgearbeitet, die Grand-Slam-Titel in Melbourne, Wimbledon und New York gewonnen, jeweils mehrfach, nur der Sieg in Paris blieb ihm lange Zeit verwehrt, damit der sogenannte Karriere-Grand-Slam, also der Gewinn aller vier der größten Turniere der Welt. Und wer nicht alle vier großen Turniere gewonnen hat, geht nicht im Superlativ in die Sportgeschichte ein, sondern als Mängelexemplar. Das Narrativ mag noch so dumm und ungerecht sein, es ist so:

Gewinne ein Grand-Slam-Turnier, und du bist unsterblich. Gewinn eines nicht, und du bist gescheitert.

2016 gewann Djokovic dann doch in Paris.

Was folgte, war die tiefste und hartnäckigste Krise in der Karriere des Serben, sie dauerte zwei Jahre, Djokovic schlitterte in sportliche, gesundheitliche und familiäre Turbulenzen.

Die Krise hatte den sehr profanen Auslöser, dass Djokovic mit dem Paris-Titel das Ziel abhandengekommen war, das ihn angetrieben hatte.

Es war die Luft raus.

Djokovic hatte den Fehler begangen, sich ein starres Ziel zu stecken. Als er es erreicht hatte, war es weg. Er war wie eine Kompassnadel, die am Nordpol stand und nicht wusste, wohin mit sich.

Djokovic kehrte 2018 an die Spitze zurück. Dafür gibt es zwei Gründe.

Erstens wohl wieder ein großes Ziel, nämlich den Weltrekord an Grand-Slam-Titeln zu holen. (Er steht per Juli 2020 bei 17, Nadal bei 19, Federer bei 20. Wie überragend gut die drei sind, wie erdrückend sie den wichtigsten Einzelsport der Welt über wie viele Jahre beherrschten, zeigt, dass einigermaßen abgeschlagen auf Platz vier dieser ewigen Rangliste der erfolgreichste Spieler einer anderen Ära steht, Pete Sampras, 14 Titel.)

Zweitens hat Djokovic seinen persönlichen Horizont erweitert und findet Erfüllung darin, die Dinge, die er außerhalb des Tennisplatzes neu entdeckt, mit anderen zu teilen.

Das sind mitunter Dinge, die sein Ansehen außerhalb von esoterischer ausgerichteten Kreisen nicht immer erhöhen, aber darum geht es jetzt nicht. Jetzt geht es darum, dass er seinem Tennisspielen einen Sinn gegeben hat, der nichts mit Tennisspielen zu tun hat.

Seither spielt er mindestens so erfolgreich wie vor dem verhängnisvollen Paris-Sieg 2016, eher sogar erfolgreicher.

Voraussichtlich wird er den Grand-Slam-Zwanziger packen, damit wäre auch die jahrelange Diskussion darüber beendet, ob Federer oder Nadal der „Greatest of All Time“ ist, dann ist es nämlich Djokovic.

Nun werden Sie sich voraussichtlich nicht so bald in der Verlegenheit befinden, alle vier Grand-Slam-Titel gewonnen und Kaliber wie Roger Federer und Rafael Nadal in den Schatten gestellt zu haben.

Aber Sie werden vielleicht irgendwann nicht mehr wissen, warum Sie das alles eigentlich tun, was Sie tun. Sie werden vielleicht irgendwann einmal alle beruflichen Ziele erreicht haben.

Oder Sie werden einen großen Erfolg zu verarbeiten haben.

Oder Sie werden irgendwann am Ende Ihrer beruflichen Laufbahn stehen und zurückschauen.

Was werden Sie da sehen?

Was wird von Ihnen bleiben?

Was haben Sie außer Ihrem Kontostand und Ihrem gesellschaftlichen Ansehen verändert?

Wenn Sie alles richtig gemacht haben (oder wenn Sie zumindest, den vier ersten Kapiteln dieses Buchs folgend, nichts Gröberes falsch gemacht haben), müssen Sie keine Angst vor diesen Fragen haben.

Wenn Sie dieses Kapitel fünf auch noch mitnehmen, sollten Sie sich auf diese Fragen freuen. Sie werden auf die Antworten stolz sein.

Andre Agassi machte in seiner aktiven Karriere ein noch bedeutend tieferes Tief als Djokovic durch. Es war 1997, Agassi 27-jährig und dreifacher Grand-Slam-Sieger, seine Ehe mit der Schauspielerin Brooke Shields und seine sportliche Karriere entwickelten sich parallel (er stand auf Weltranglistenplatz 141, etwas mehr als ein Jahr davor war er Nummer eins gewesen).

Was ihn dann doch wieder erfolgreich machte, und sogar noch erfolgreicher als vor der Krise:

Er begann, Tennis nicht mehr zu spielen, um Tennismatches und Tennisturniere zu gewinnen, sondern er spielte Tennis, um damit etwas zu erreichen, das nichts mit Tennis zu tun hatte. Agassi verwendete seine Popularität und einen erheblichen Teil des verdienten Geldes dafür, unterprivilegierten Kindern mit seiner Stiftung eine ordentliche Ausbildung zu ermöglichen.

Er begann, anders zu rechnen: Preisgelder und Werbeeinnahmen waren Böden, Lampen und Fenster für Klassenzimmer, Gehälter für Lehrer und Erzieher und Stipendien für begabte Kinder aus armen Familien.

Das erwies sich sogar aus der zynischsten aller möglichen Perspektiven als vernünftige Entscheidung: Agassi war motivierter denn je und spielte erfolgreicher denn je, wurde wieder Nummer eins, gewann fünf weitere Grand-Slam-Titel, kehrte an die Spitze der Weltrangliste zurück und hielt sich dort 71 Wochen lang (vor der Krise waren es 30 gewesen).

Als er 2006 seine aktive Karriere beendete, war er eine Ikone des Sports.

Aber jetzt wirklich genug Tennis.

Weiter mit Simon Sinek, dem britisch-amerikanischen Journalisten, Autor und Vortragenden, sicherlich haben Sie schon von seinem Bestseller „Start with Why“ gehört.

Sinek hat mit diesem Buch die fundamentale menschliche Sinnsuche auf die Flipcharts des modernen Managements gebracht.

Er ist der Meinung, wir denken alle in der falschen Reihenfolge, und vor allem kommunizieren wir in der falschen Reihenfolge: Wir beginnen nämlich damit, was wir tun (zum Beispiel Brote backen), dann wie wir es tun (mit 250 Jahren Erfahrung, bei Neumond gezogenem Bio-Sauerteig

Das limbische System mag nicht der intellektuell funkelndste Teil unseres Gehirns sein, aber es ist die Raketenstartbasis unserer Motivationen. Man erreicht es nicht durch elegante Worte, sondern durch tiefe Gefühle.

aus Freilandhaltung und im Holzofen), und dann – vielleicht – warum wir es tun.

Auf diese Weise bleiben wir kalt, unnahbar und austauschbar, meint Sinek. Weil wir versuchen, Menschen über ihre Rationalität für uns zu gewinnen, und über den Verstand wurde noch nie ein Herz gewonnen.

Da ist ziemlich viel dran. Menschen über ihren Verstand überzeugen, das mag gehen, sogar recht leicht, man braucht nur ein wenig Autorität und/oder Argumente.

Menschen über ihren Verstand begeistern? Keine Chance.

Offensichtlich lohnt es also sehr, sein berufliches Tun mit einer grundsätzlichen Lebensaufgabe zu verknüpfen.

Wie findet man aber diesen ureigensten, urinnersten Antrieb? Wie macht man ein ganz konkretes, verbindliches, über das eigentliche berufliche Tun und über die aktuelle Laune hinaus gültiges „Warum" fest?

Das ist insofern eine verzwickte Aufgabe, als alles im Umfeld des Betriebswirtschaftlichen ausscheidet. Es geht dabei auch gar nicht darum, was wir beruflich tun, das „Warum" eines Bäckers, einer korsischen Ziegenhirtin und eines ukrainischen Geheimdienstoffiziers kann durchaus dasselbe sein: Es geht um ureigene innerste Emotionen.

Für einen Bäcker taugte vielleicht was in diese Richtung:

Weil wir an die Tradition des Handwerks glauben und an die Kraft und Weisheit der Natur. Uns kommt kein Zeug ins Haus, das nicht aus der Tradition oder aus der Natur stammt.

Oder in diese Richtung:

Schon seit 1745 stand hier an diesem Platz im historischen Kern der Stadt die Bäckerei meiner Familie. Immer schon ging es meinen Vorfahren um handwerkliche und unternehmerische Aufrichtigkeit – und darum, dass unsere kleine Heimstadt stolz auf uns war. Wir sind der Vorzeigebetrieb der Region, als Arbeitgeber und als Produzent. Diese Werte will ich weiterentwickeln und an meine Kinder in zeitgemäßer Form weitergeben.

Irgendsowas, Sie haben das Prinzip erkannt.

Im „Warum" haben Zahlen keinen Platz. Das „Warum" hat eine Angelegenheit des Herzens zu sein (wenn wir es physiognomisch etwas genauer sagen wollen: eine Angelegenheit jener Gehirnareale, die nichts mit eigentlichem Denken zu tun haben, sondern mit Triebhaftem, mit Instinkten, deswegen macht das alles auch Sinn, denn in diesen Arealen haben alle Marionettenfäden unseres Denkens und Handelns ihren Anfang.)

Sinek meint, wir müssen auf den Kopf stellen, wie wir über unsere Arbeit denken und sprechen, wenn wir andere (Kunden, Mitarbeiter etc.) für uns und unser Tun begeistern wollen. Wir müssen konsequent mit „Warum" beginnen, mit „Wie" fortfahren und das „Was" nachliefern, deswegen: „Start with Why".

Sineks Mantra:

People don't buy
what you do
they buy why
you do it.

Simon Sinek

Sinek illustriert das alles in seinem berühmten TED-Talk anhand des Beispiels Apple.

Apple könnte sagen:

1.) Wir produzieren Computer.

2.) Sie sind toll designt und benutzerfreundlich.

3.) Toll, nicht?

Aber Apple sagt:

1.) Alles, was wir tun, tun wir, um den Status quo in Frage zu stellen. Wir stehen dafür, dass wir alles, was wir tun, neu denken.

2.) Das zeigt sich daran, wie wichtig uns Design und Usability sind.

3.) Und übrigens: Wir bauen Computer. Ach ja, und Telefone. Und allerhand andere Dinge.

Und was tun wir? Wir kaufen Apple die Dinge ab.

Die Unwiderstehlichkeit des „Warum" als Antrieb hat Simon Sinek übrigens nicht erfunden (auch wenn er selbst da eine andere Ansicht vertritt). Er hat es lediglich von philosophischen und intellektuellen Ansprüchen befreit.

Das Ursprungszitat gibt, sagen wir, der Gravitation ein wenig mehr nach als Sineks „People don't buy what you do they buy why you do it."

Es stammt von Nietzsche und lautet:

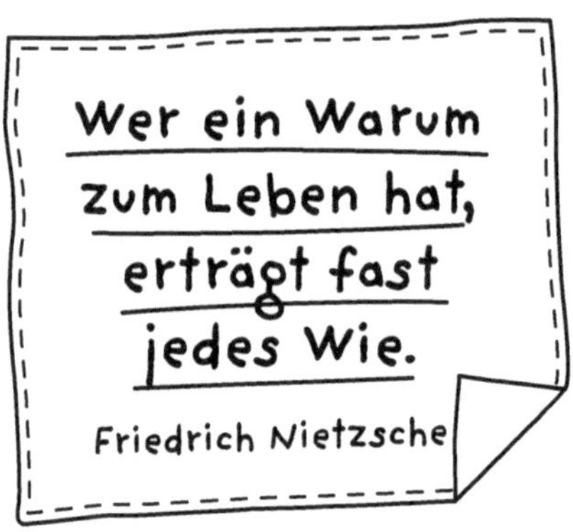

Viktor Frankl hat es später zum Grundsatz seiner Lehren und damit berühmt gemacht, Ingeborg Bachmann hat es als ihr Lebensmotto bezeichnet.

Dieses magische „Warum" setzt, aus welcher Perspektive man es auch betrachten mag, unheimliche Energien frei.

Zeigen Sie mir einen Kriegstreiber, einen Populisten, der Leute mit Kälte, Brillanz und Zynismus in seinen Bann zieht. Kriegstreiberei und Populismus funktionieren niemals ohne „Warum", niemals ohne ein wärmendes, einendes Mäntelchen des Idealismus und der Weltverbesserung.

Wenn Sie Leute dazu bringen wollen, ihre eigenen Kinder in einen Krieg zu schicken oder fremde ersaufen zu lassen, geben Sie ihnen zuerst ein „Warum".

„Start with Why" ebnet sogar Wege in Abgründe.

Es funktioniert aber auch andersrum. Wenn Sie sich selbst, Ihre Mitarbeiter, Kollegen, Vorgesetzten und Kunden von Ihrer Arbeit begeistern wollen, dann geben Sie ihnen ein „Warum".

Nämlich Ihres.

Sagen Sie, was Sie antreibt, was Sie begeistert.

Was aber tut unser Bäcker, wenn er sein „Warum" dingfest machen will?

Er stöbert in seiner Lebensgeschichte. Nach Momenten, die ihn geprägt, begeistert haben, in denen er sich eins mit dem Universum gefühlt hat. (Das Universum kann auch die Erscheinungsform der Großmutter gewählt haben, die den Enkel an einem langen Wintersonntagnachmittag durch die Backstube und die Familiengeschichte führte.) Es waren Momente einer inneren Wahrheit und Schlüssigkeit, einer unerklärlichen, weil selbstverständlichen Bedeutsamkeit.

(Wenn Sie einen solchen Moment für sich gefunden haben, wird sich das alles ein wenig unverschwurbelter anfühlen als die Beschreibung jetzt geklungen hat, Sie werden erkennen: Ein gutes „Warum" kann einiges an Pathos aushalten.)

Unser Beispielbäcker beginnt also, wenn er Simon Sinek folgt, mit der Verantwortung für das Werk der Vorfahren und der Verpflichtung für die Stadt.

Das ist sein „Warum“. Es prägt alles, seine Entscheidungen, seine Produktion, seine Kommunikation, sein Marketing.

Geht es nach Sinek, soll der Bäcker gegenüber seinen Kunden und Mitarbeitern nicht über sein Brot sprechen, ehe er nicht darüber gesprochen hat, warum er das Brot genau so macht, wie er es macht.

Es muss, so Sinek, etwas geben, was das berufliche Tun unseres Bäckers aus seinem Selbstzwecksein erlöst und zum Mittel zum Zweck erhebt. (Oder, genau genommen, degradiert, weil ja das „Warum“ neue höchste Instanz ist.)

Und es soll ihm nicht auf die Nerven gehen, sondern ein Anliegen sein, eines, das jeden Tag neu, aber niemals vollständig erreicht wird, Anliegen eben, nicht Ziel, siehe oben, Stichwort Pathos, ein „Warum“ verträgt keine Coolness, Gelassenheit oder gar Ironie.

Wenn Sie für Ihr „Warum“ nicht brennen, wird's ein Sternspucker.

Aber wenn Sie ehrlich zu sich sind, wird's funktionieren.

Hier jetzt also die letzten beiden Fragen.
Danke, dass Sie mir zugehört haben!

Welchen Werten will ich
mehr Bedeutung in der Welt geben?

Wie verbessere ich durch
mein berufliches Tun die Welt?

Andere Bücher haben eine Quellenangabe.

Dieses hier auch. Aber anders. Es ist eine grobe Mitschrift der spannendsten, unglaublichsten, überraschendsten Dinge, die einem ins Leben purzeln, wenn man sich mit Themen wie Persönlichkeitsentwicklung, Gesundheitsoptimierung, Leistungsfähigkeit und Waldbaden beschäftigt.

Das Lexikon erstaunlicher Entdeckungen

1. AUSGABE

Wie man in einem Wald badet

Und was das Immunsystem damit zu tun hat.

Zu Beginn das Wichtigste: Waldbaden ist nichts anderes, als im Wald spazieren zu gehen, alleine, ruhig und ohne Ablenkungen. Das können Sie also.

In Japan heißt Waldbaden „Shinrin Yoku" und wird (wie auch in Südkorea) in der etablierten Medizin zur Prävention und Therapie verschiedenster Krankheiten eingesetzt. Shinrin Yoku ist millionenschwer erforscht, die Erkenntnisse in alle Richtungen abgesichert: Man weiß, dass es wirkt. Das Immunsystem wird leistungsfähiger, Blutdruck, Puls und alle anderen Stressmarker sinken, die Effekte sind nach rund einer Stunde Waldbaden deutlich messbar.

Warum Waldbaden ganz genau wirkt, das weiß man noch nicht, es liegt wahrscheinlich vor allem am beruhigenden Grün überall und an den Terpenen, die die Pflanzen abgeben (kurz gesagt: gesundheitswirksamen Duftstoffen).

Wald wirkt. Zum Beispiel Dienstag Vormittag oder Donnerstag Nachmittag, wenn ich mir den Hinweis auf Seite 43 erlauben darf.

Warum wir alle so schrecklich hektisch sind

(Spoiler: Weil wir sonst nicht überlebt hätten.)

Die Evolution siebt Generation für Generation ziemlich humorlos aus: Wer ist stark, schnell, gesund und durchsetzungsstark genug, um die Art erhalten zu dürfen?

Tiefenentspannt und unerschütterlich gleichmütig zu sein erscheint uns heute als Lebensideal – aber das ist eine relativ neue Errungenschaft der Menschheit. Denn tiefenentspannt und gleichmütig waren über die Millionen Jahre Menschheitsgeschichte vor allem die schmackhaftesten Opfer im natürlichen Überlebenskampf.

Durchgekämpft haben sich die Hektischen, die beim ersten Ästeknacken aus dem Schlaf aufschreckten und beim entferntesten Tierlaut auf den Baum flüchteten. Oder die, die aggressiv genug waren, alles beim leisesten Verdacht der Bedrohung kurz und klein zu prügeln.

Ihr Leben war kein entspanntes. Aber zwischen Flucht, Kampf und Angst blieb ausreichend Zeit zur Weitergabe der Erbanlagen, je unentspannter und aggressiver, desto zuverlässiger.

Das sind unsere Vorfahren, ihre Gene tragen wir in uns, wir müssen uns also nicht wundern.

Was Dankbarkeit so unglaublich mächtig macht

Sogar mächtiger als ein tägliches Workout und keine Pommes mehr essen.

Was ist der einzelne wichtigste Biohack im Leben von Dave Asprey, dem Godfather des Biohacking? Des Mannes, der den Bulletproof Coffee erfunden hat (den Kaffee mit Butter und Kokosöl, mit dem mittlerweile die halbe Welt Entzündungswerte und Körperfettanteil senkt), der ein Multi-Millionen-Dollar-Unternehmen rund um die Kunst des Optimierens von Gesundheit und Leistungsfähigkeit aufgebaut hat, der sich Stammzellenkuren unterzieht, in der eigenen Kryokammer bei –200 Grad sein Immunsystem scharf stellt und glaubhaft entschlossen ist, mindestens 180 Jahre alt zu werden?

Der Biohack Nummer eins des weltweiten Biohackers Nummer eins ist ... Dankbarkeit.

Dave Asprey sagt, dass Dankbarkeit sein Leben gerettet hat.

Es ist tatsächlich unglaublich, was alleine eine simple tägliche Dankbarkeits-Routine bewirkt, und dafür brauchen Sie keinen Biohacking-Anspruch ans Leben.

Es gibt jede Menge Studien dazu, wie nur fünf läppische Dankbarkeitsjournal-Minuten wirken. Hier ein paar der atemberaubenden Erkenntnisse im schnellen Überblick:

- Dankbarkeit macht uns zu besseren Menschen. Wir werden zu sozial kompetenteren Wesen. Wir lernen, besser mit anderen Menschen umzugehen, und sie gehen besser mit uns um.
- Dankbarkeit macht uns geschickter und schärft unsere Sinne. Unser Gehirn wird aktiviert, und zwar nicht nur in den Bereichen, die für Persönlichkeit und Soziales zuständig sind, sondern auch in den Bereichen, die Sensorik und Motorik steuern, und sogar in jenen, die das Sehen verwalten.
- Dankbarkeit macht uns glücklicher. Wer das Glas halb voll sieht, führt ein glücklicheres Leben als der, der es halb leer sieht. Wie wir die Gläser des Lebens sehen, können wir trainieren. Bewusste Dankbarkeit ist eine Selbsterziehung unserer Wahrnehmung der Welt, hin zu mehr Zuversicht und einer positiveren Grundeinstellung.
- Dankbarkeit macht uns gesünder. Stress sinkt, die Schlafqualität steigt, die Selbstheilungskräfte des Körpers werden unterstützt, Schmerzen gelindert.

Es gibt keine andere Intervention, die mit so wenig Aufwand auf so vielen Ebenen des Lebens so grundlegend positive Wirkungen erzielt wie Dankbarkeit.

Es geht dabei nicht um Dankbarkeit für außergewöhnliche Dinge, sondern um Alltägliches, Selbstverständliches. Dass die Sonnenstrahlen ins Schlafzimmer scheinen, dass Ihre Wohnung geheizt ist und Sie fließendes Wasser im Haus haben. Solche Sachen.

Was tun Sie jetzt am besten?

Sie tun es.

Sie besorgen sich das „5 Minute Journal“ oder das „6-Minuten-Tagebuch“ und machen eines davon zu einem dauerhaften Lebensbegleiter. Vorher üben Sie, wenn Sie wollen, auf den Seiten 46 bis 79.

Wie sich Leben üben lässt

Und was Hunger, Hitze, Kälte, Muskelkater und Waldspaziergänge während der Arbeitszeit damit zu tun haben.

„Life is what happens to you while you're busy making plans." Schöner, kluger Satz (nicht von John Lennon, wie alle glauben, der hat ihn sich nur ausgeborgt), denn Leben heißt grundsätzlich nicht agieren, auch wenn uns das noch so gut gefallen würde, sondern reagieren.

Und je besser, flinker, eleganter, präziser wir reagieren, je besser wir mit all dem umgehen können, was uns so tagtäglich und sekundensekündlich begegnet, auf allen Ebenen, desto besser läuft's. Es gibt dafür sogar eine Modevokabel, sie lautet „Resilienz".

Wir Menschen haben als Spezies Millionen Jahre nicht deswegen überlebt, weil wir uns die Erde untertan gemacht hätten. Wir haben überlebt, weil wir ein kluger Untertan waren. Weil wir gelernt haben, uns an all jenes meisterhaft anzupassen, was wir nicht ändern können – und das ist so ziemlich alles, was Leben und Überleben ausmacht: Ob wir einen sicheren, trockenen Unterschlupf zum Schlafen gefunden haben oder nicht, ob es kalt ist oder heiß, ob die Sonne scheint oder nicht, ob die Nacht mondhell ist oder stockdunkel. Welche Viren und Bakterien und Sporen uns besiedeln wollen, welches Nahrungsangebot die Natur für uns bereithält, welche Gifte und welche Nährstoffe es enthält, wie wir das unterscheiden, und wie wir es schaffen, das eine aufzunehmen und das andere nicht. (Oder es zumindest auszuscheiden, bevor es dauerhaften Schaden anrichtet.)

Diese Fähigkeit der genialen Anpassung, die wir Jahrmillionen lang perfektioniert haben, trainieren wir uns dummerweise systematisch ab. Durch immer gleiche Mahlzeiten zu immer denselben Zeiten mit immer denselben Inhaltsstoffen, durch klimatisierte Räume, durch starre Terminpläne, durch das immer gleiche rhythmische Hampeln in der Tretmühle Alltag, durch das Reinducken in alle Arten von Komfortzonen, durch die pillenförmige Entmündigung unserer körperlichen, geistigen und seelischen Selbstregulierungssysteme.

Damit machen wir diese Systeme unseres Lebens jeden Tag ein winziges bisschen fauler, träger und starrer.

Was sich dagegen tun lässt? Stellen Sie Ihre Systeme wieder scharf. Machen Sie es sich unbequem. Raus aus einer Komfortzone, sobald sie sich nach Komfortzone anfühlt, raus aus dem Pullover und ein bisschen frieren, rein in die Sauna, kalt duschen, während der Arbeitszeit in den Wald gehen. Dinge zu tun, vor denen Sie sich ein bisschen fürchten, die Sie ein bisschen überfordern, verändert Ihr Leben erstaunlich wirksam.

Lassen Sie sich nicht in Ruhe.

Überraschen Sie sich. Neue Dinge ausprobieren heißt Leben üben, und was man übt, beherrscht man nach einiger Zeit unweigerlich besser.

Warum Sie weniger Sport machen sollten

Dafür entspannter und härter.

Wir alle sind mehr oder weniger mit Ausdauersport aufgewachsen. Wer fit werden, abnehmen, seiner Gesundheit was Gutes tun wollte, schnürte die Schuhe und ging laufen.

So war das immer.

So muss es aber nicht mehr sein. Die Wissenschaft ist heute viel weiter, und zwar in zwei entscheidenden Punkten.

Erstens: Wir wissen, dass regelmäßige Bewegung wichtiger ist als Sport. Ihre Gesundheit und Ihr Energielevel profitieren tausendmal mehr davon, wenn Sie alle 20, 25, längstens 30 Minuten vom Schreibtisch aufstehen und ein paar Schritte machen, als wenn Sie nach acht durchgesessenen Schreibtischstunden abends eine Stunde durch den Park hetzen oder im Fitnesscenter die Stangen verbiegen.

Untertags verpasste Bewegung lässt sich abends nicht komprimiert nachholen. Geht nicht. Leider. (Abgesehen davon, dass intensiver Sport später am Abend dem Schlaf nicht guttut.)

Das heißt übrigens nicht, dass Sie abends nicht raussollten, und schon gar nicht, dass Sie sich nicht bewegen sollten. Im Gegenteil: Immer mehr Wissenschaftler singen das Hohelied auf den Abendspaziergang.

Zweitens: Wenn Sie sich mit Ausdauersport und Cardiotraining was Gutes tun wollen, dann bitte moderat. Also nur in einem Sweetspot, also entweder oft oder lang oder intensiv, nicht und/und/und. Sonst bedeutet jede Joggingrunde Langzeitstress, und damit mehr Belastung als Erholung für Ihren Körper.

Gleich gute oder sogar bessere Trainingsergebnisse erzielen Sie durch intensives, kurzes Training. Der japanische Professor Izumi Tabata fand Mitte der 1990er heraus, dass sogar Ausdauersportler wesentlich von einem Training profitierten, in dem acht Runden lang kurze, intensive Belastungen (je 20 Sekunden) und kurze Pausen (je 10 Sekunden) abwechselten.

Das nach Tabata benannte Workout ist tatsächlich in sechs Minuten erledigt: eine Minute Aufwärmen, zehnmal 20/10 Sekunden, eine Minute Cooldown. Was Sie in den 20 Sekunden treiben, ist Ihnen überlassen: Liegestütz, Kniebeugen, Strecksprünge, Hampelmänner, Sprints, egal, Hauptsache anstrengend.

Noch einen ganzen Schritt weiter geht CAR.O.L., ein Software-gesteuertes Ergometer. Es klingt unglaublich, aber die wissenschaftlichen Belege sind eindrucksvoll: Nur zwei intensive Sprints zu je 20 Sekunden während acht Minuten bringen denselben Cardio-Benefit wie 45 Minuten herkömmlichen Ausdauertrainings. Die knapp 3.000 Euro fürs CAR.O.L sind eine lohnende, aber nicht nötige Investition, zur Not taugt auch Ihr Hometrainer dafür, und Sie brauchen nicht einmal den: Sie müssen es nur schaffen, zweimal 20 Sekunden Gas zu geben, dass Sie Sternchen sehen, dazwischen 3 Minuten Pause.

Drei-, viermal pro Woche CAR.O.L., drei-, viermal pro Woche Tabata: Wenn Sie wollen, ist das Thema Sport in unter einer Stunde pro Woche solide durch.

Die Zeit haben Sie, oder?

Was die wichtigste Doppelseite dieses Buchs ist, und wovon sie handelt

1) Es ist diese. 2) Es ist Schlaf.

Es gibt nichts Wichtigeres in Ihrem Leben als Ihren Schlaf.

Das hat körperliche, geistige, seelische Gründe. Sie erholen sich nicht nur im Schlaf, Sie heilen, Sie sortieren Gelerntes in die entsprechenden Schubladen Ihres Erinnerungsvermögens. Sie reinigen Ihren Körper, vor allem Ihr Gehirn. (Weil sonst zuerst die Schubladen klemmen und Sie irgendwann gar nicht mehr wissen, was in welchen Schubladen untergebracht ist.) Schlafen Sie nicht in ausreichender Menge und/oder Qualität, sammelt sich Stoffwechselmüll an. Sie verdrecken und verdummen. Sie kriegen Wortfindungsstörungen und üble Laune, Ihre Gedanken werden dumpfer, Ihre Aufmerksamkeit flacher.

Außerdem torpedieren Sie Ihr Immunsystem.

Tun Sie Folgendes:

1. Schlafen Sie in einem absolut dunklen Raum. (Sie sollten ernsthaft die Hand vor Augen nicht sehen.) Es soll völlig ruhig

sein und kühl. Sorgen Sie dafür. Notfalls Schlafmaske und Ohropax verwenden. Man gewöhnt sich dran.

2. Reduzieren Sie jede Belastung durch gepulste Strahlung. Mindestens: WLAN-Router abdrehen, Handy abdrehen.

3. Geben Sie am Morgen Ihrem Körper das Signal, dass Morgen ist. (Damit setzen Sie nämlich einen Timer in Gang, der Sie abends zeitgerecht müde macht.) Das geschieht am besten durch Helligkeit, am allerbesten durch Tageslicht. Gehen Sie morgens raus, Licht, Luft, Wind, Regen, alles besser als zusammengekauert bei einer Tasse Tee in der Küche herumzulümmeln.

4. Kein Kaffee nach 14 oder 16 Uhr, je nachdem wie schnell Sie Koffein verstoffwechseln. Kaffee nach dem Abendessen ist niemals eine gute Idee. Auch wenn Sie glauben, dass Sie nach Kaffee gut schlafen: Sie tun es nicht.

5. Die letzten zwei, besser vier Stunden vor dem Schlafengehen nichts essen. Ihr Körper soll beim Schlafen nicht damit beschäftigt sein, Kartoffelchips und Schokolade wegzuräumen, sondern Ihre Zellen durchzuputzen. Beides zugleich geht nicht.

6. Leider: Alkohol abends ist keine gute Idee. Vom physiologischen Standpunkt aus gesehen, wäre das Frühstücksbier weniger schädlich, aber gesellschaftlich sind wir noch nicht so weit.

7. Das Licht von Energiesparlampen, von Computer- und Handy-Screens signalisiert Ihrem Körper: Es ist Mittag. Ihr Körper bildet daraufhin kein Melatonin, das ist ein Hormon, das über die Qualität und vor allem den gesundheitlichen Wert Ihres Schlafs entscheidet.

8. Es wird sich affig anfühlen, und es sieht affig aus. Aber: Probieren Sie eine Blueblocker-Brille. Zwei Stunden vor dem Schlafengehen so ein orangefarbenes Ding aufsetzen. Der wirksamste Melatonin-Trick.

9. Magnesium. Eine eigene kleine Wissenschaft. Probieren Sie einfach Magnesiumcitrat oder Magnesium-Bisglycinat. Eine Kapsel morgens, eine abends. Bitte keine Zusatzstoffe, keine Geschmacksstoffe.

Schlafen Sie gut.

Was Sie von Biohackern lernen sollten

Lassen Sie die Verrücktheiten den Verrückten. Aber übernehmen Sie die Basics.

Ben Greenfield, der aktuell schärfste Biohacker der Welt, wurde in einem seiner Podcasts gefragt, wie man denn eigentlich richtig mit Biohacking beginnt. Man hätte Antworten in der Richtung von hoch intensiven Micro-Workouts erwartet, polyphenolstrotzenden Tees, schamanischen Ritualen oder exotischen Nahrungsergänzungsmitteln, am besten intravenös eingenommen.

Tatsächlich sagte Greenfield:

„Bevor du überhaupt an Biohacking denkst, geh einen Monat lang jeden Tag eine Stunde spazieren und beschäftige dich mit Atemübungen." (Googeln Sie zum Einstieg Box Breathing oder 4-7-8. Haben Sie in drei Minuten kapiert, wirkt super.)

„Und dann, erster Schritt, achte darauf, wie, wann und wie oft du isst. Gar nicht so sehr, was du isst. Achte drauf, dass du in Ruhe, ohne Ablenkung durch elektronische Geräte, an einem Tisch sitzend isst. Entspannt."

„Lege immer wieder Essenspausen ein (Männer orientieren

sich an 16, Frauen aus hormonellen Gründen an zwölf Stunden).

Das war's auch schon für den Anfang, der Rest ist nicht so wichtig. Sagt Ben Greenfield. Und der kennt sich wirklich aus.

Nicht ganz so bekannt wie Greenfield ist der Este Siim Land, ein junger Kerl Anfang 30. Er war so freundlich, seine Top Ten der avancierten Gesundheit zu priorisieren:

1. Schlaf. – Unzureichender Schlaf bringt deinen gesamten Stoffwechsel durcheinander, auch wenn du dich ausreichend bewegst und gesund ernährst. Zum Schlaf gehört auch das Thema „zirkadianer Rhythmus". (Das ist das Modewort für „Biorhythmus", also unsere innere Uhr, Anm.)

2. Intermittierendes Fasten. – Iss nur innerhalb von strikten Zeitfenstern. Das hat unglaublich viele positive Effekte auf deine Gesundheit und Langlebigkeit.

3. Natürliche Ernährung. – Vermeide industriell verarbeitete Nahrung.

4. Hab deinen Stress im Griff. – Chronischer Stress und Hyperaktivität töten Gehirnzellen, verkürzen dein Leben und fördern Krankheiten.

5. Achte auf deine Beziehungen. – Einsamkeit und schlechte Beziehungen verursachen Stress und schwächen dein Immunsystem.

6. Krafttraining. – Muskeln durch Training aufzubauen und zu erhalten verbessert deinen Stoffwechsel, macht es dir leichter, dich gesund zu ernähren, und lässt dich länger leben.

7. Die richtige Menge Cardiotraining. – Zu viel Ausdauertraining ist nicht ideal, aber ein wenig ist wichtig für die Gesundheit deines Herz-Kreislauf-Systems.

8. Einen Sinn im Leben haben. – Wissenschaftlich belegt: Wenn du nichts hast, wofür du lebst, lebst du kürzer.

9. Setz deinen Körper Stress aus. – Bring deinen Körper durch Sauna, Kälte, Eisbäder oder Ähnliches kurzzeitig aus der Homöostase, also aus dem natürlichen Gleichgewicht.

10. Nahrungsergänzungsmittel. – Erkenne deine Ernährungsdefizite durch Labortests und gleiche sie gezielt aus.

Wieso Sie weniger Entscheidungen treffen sollten

Und was das mit grauen T-Shirts zu tun hat.

Jeder und jede von uns hat Tag für Tag ungefähr 35.000 Entscheidungen zu treffen. Und jeder und jede von uns trifft Entscheidung Nummer 1 viel klüger als Nummer 22.456, und Nummer 22.456 klüger als Nummer 34.547.

Es gibt für dieses Dümmerwerden einen Fachterminus: „Decision Fatigue", heißt soviel wie Entscheidungserschöpfung.

Das Problem: Entscheidung Nummer 1, wenn wir also in der Lage wären, die großen moralischen Fragen des menschlichen Daseins zu klären, betrifft Dinge wie die Farbe des T-Shirts, das wir aus dem Schrank ziehen.

Steve Jobs, Barack Obama und Mark Zuckerberg wissen das. Sie sind die berühmtesten Beispiele dafür, dass man durch bewussten Verzicht auf unwichtige Entscheidungen den wichtigeren mehr Energie lässt. Am deutlichsten zeigt sich das in ihrer unambitionierten Bekleidungswahl. Obama trägt nur graue oder blaue Anzüge, Zuckerberg Jean und graues T-Shirt, Jobs war kaum anders zu sehen als in schwarzem Rollkragenpullover und Jeans.

Auch Jeff Bezos weiß um die Decision Fatigue. Er hält die Zahl seiner Entscheidungen bewusst so niedrig wie möglich. „Je weniger Entscheidungen ich treffe,

desto besser sind sie", sagt er. „Wenn ich drei Entscheidungen an einem Tag treffe, reicht das völlig – wenn diese drei von der allerhöchsten Qualität sind."

Bezos trifft wichtige Entscheidungen grundsätzlich vormittags, und er hat keine Scheu davor, Entscheidungen aufzuschieben. „Wenn wir bei einem 17-Uhr-Meeting an einen Punkt kommen, an dem eine Entscheidung zu treffen ist, sage ich oft: Ich entscheide morgen früh."

Nun geht es nicht sosehr drum, dass Sie jeden Tag dasselbe Shirt tragen und nach dem Mittagessen alles auf den nächsten Tag verschieben, aber es ist keine schlechte Idee, sich vor Augen zu halten, dass Ihre Entscheidungen im Lauf des Tages schlechter werden. Und dass es helfen kann, ganz bewusst mit Ihrem täglichen Vorrat an guten Entscheidungen umzugehen, vor allem früh am Tag und vor allem in den weniger lebensentscheidenden Angelegenheiten.

Wenn Sie schon abends darüber befinden, was Sie am nächsten Tag frühstücken oder anziehen wollen, wird vielleicht das Frühstück oder die Bekleidungswahl einen Hauch weniger genial ausfallen. Aber Sie verbessern Ihre Chancen, später am nächsten Tag bessere Entscheidungen zu treffen, wenn es darum geht, welche Aktien Sie kaufen oder welche Wohnung Sie mieten, ob Sie den Job wechseln oder Ihren Partner verlassen, ob es an der Zeit ist, Ihrem wichtigsten Kunden mal so richtig die Meinung zu sagen, ob Sie nach dem Büro spazieren oder in eine Bar gehen, und ob dort das dritte Bier eine tolle oder weniger tolle Idee ist.

Das blaue Shirt ist aber auch okay.

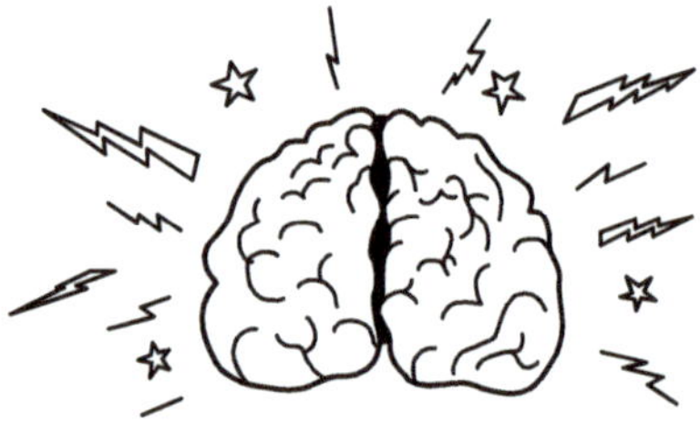

Wie Sie Ihr Gehirn retten

Die schlechte Nachricht: Sie trainieren Ihre Dummheit. Die gute: Müssen Sie nicht.

Es ist nicht allzu lange her, da hat man geglaubt, Ihr Gehirn entwickelt sich bis ungefähr zum 25. Lebensjahr. Was danach kommt, ist mehr oder weniger zügiger Verfall.

Heute weiß man: Ihr Gehirn ist ein lernendes Netzwerk, vom ersten Gedanken Ihres Lebens bis zum letzten, egal, wie viele Jahre zwischen den beiden liegen.

Alles, was Sie denken, fühlen, empfinden, ist für Ihr Gehirn eine Art Training, und sehen Sie das ruhig sehr umfassend: Durch Einsamsein werden Sie besser einsam, durch Griesgrämigkeit verbessern Sie Ihre Kompetenzen in schlechter Laune und Misanthropie.

Umgekehrt, vielleicht ist Ihnen das ja sympathischer: Ihre soziale Kompetenz steigt immer, wenn Sie sich mit anderen Menschen auseinandersetzen, und man kann sogar besser darin werden, andere Menschen zu mögen.

Ihr Gehirn ist natürlich kein Muskel, aber das Prinzip des Trainings ist ein bisschen ähnlich, also eine ausbalancierte Abfolge von Über-, Be- und Entlastung.

Unser Problem liegt nicht in der Be- und schon gar nicht in der Überlastung. Täglich schießen uns rund 60.000 Gedanken durch den Kopf, befeuert durch die blinkende, piepende Handy-Computer-Tablet-Screen-Welt.

Das Problem liegt in der Entlastung, also der Erholung, jener Phase, in der der Organismus Zeit hat, auf einen überfordernden Reiz zu reagieren und sich an ihn anzupassen.

Was also tun?

1. Sich auf eine Sache konzentrieren, egal was Sie gerade tun, und wenn es Naseputzen ist. Was wir Multitasking nennen, ist so ziemlich das Schlimmste, was Sie Ihrer geistigen Leistungsfähigkeit antun können. Multitasking belastet Ihren Arbeitsspeicher, wie bei einem Computer, der im Hintergrund riesige Bilddaten umrechnen muss. Alles läuft holpriger, fehlerhafter, schleppender, und die Programme stürzen ab.

Multitasking trainiert genau eine einzige Ihrer Fähigkeiten: jene, sich nicht auf eine einzige Sache zu konzentrieren. Multitasking ist ausgiebig schlecht für Ihr Gedächtnis, Ihre Konzentrationsfähigkeit, Ihre rationale und emotionale Intelligenz.

2. Oasen schaffen, in denen alle Notifications abgedreht sind. Und nicht nur das: Handy aus dem Raum. Es ist belegt, dass alleine die Anwesenheit eines (sogar ausgeschalteten!) Handys im Raum Ihre Konzentrationsfähigkeit reduziert.

3. Mit der Pomodoro-Technik arbeiten. 25 Minuten alles abdrehen, was piepsen, blinken oder sonstwie ablenken könnte. Dann fünf Minuten Pause. Nach vier Durchgängen 30 Minuten Pause.

4. Meditieren. Beginnen Sie mit drei Minuten pro Tag. Ihr Gehirn kann durchatmen und sich neu aufsetzen. Und es trainiert vor allem Ihre Fähigkeit, sich auf eine Sache zu konzentrieren. Wie sehr Sie das verlernt haben, verrät Ihnen das Durcheinander in Ihrem Kopf in den ersten 15 Sekunden Ihres ersten Meditationsversuchs.

5. Bewegung. Dauersitzen macht sehr wahrscheinlich dumm, und „Dauersitzen" bedeutet nicht stundenlang, sondern ununterbrochen länger als – je nach Studie – 35 bis 60 Minuten. Schon nach so kurzer Zeit wird Gehirngewebe abgebaut. Die Lösung ist supereinfach: Immer nach 25 Pomodoro-Minuten aufstehen und ein paar Schritte gehen.

Warum Sie Podcasts hören sollten

Aber wenige und mehrmals.

Es gibt keine bessere Möglichkeit, die Zeit beim Autofahren zu nützen, als mit Podcasts.

Keine.

Musik, Hörbücher, andere Autofahrer beschimpfen, von Beifahrern den Weg anweisen und/ oder das Leben erklären lassen, alles hat was. Aber nichts bringt so viel wie Podcasts. Natürlich gibt es da 90 Prozent Müll. Aber eben auch 10 Prozent Nuggets.

Das Problem ist auch gar nicht der Müll. Das Problem sind die Nuggets. Es ist unmöglich, alle Podcasts zu hören, die wert sind, gehört zu werden. Das ist keine Frage der Zeit (man versteht auch bei beinahe verdoppelter Wiedergabegeschwindigkeit jedes Wort), sondern der Aufnahmekapazität unseres Gehirns.

Denn mit dem Wissen ist es wie mit dem Essen: Die Aufnahme ist eine Belastung für den Körper. Die enthaltenen Nährstoffe müssen erst verwertbar gemacht werden, und der Weg dorthin ist viel Arbeit. Doch unser hochmotivierter Abonnement-Feed spült uns täglich neue Podcasts ins Handy, die ums Gehörtwerden buhlen.

Das macht Stress.

Das raubt Energie.

Unser Hirn riegelt ab, um sich vor der Überlastung zu schützen, und dann geht gar nichts mehr ins System. Selbst wenn wir es schaffen, alle Podcasts zu hören: Informationsbulimie.

Ich rate Ihnen also dazu, sich für einen oder zwei Podcasts zu entscheiden. Die hören Sie.

Und vor allem: Wichtige Folgen hören Sie auch zweimal. Nehmen Sie sich die Zeit. Machen Sie sich Notizen. Podcasts sind kein Berieselungs-, sondern ein Fortbildungsmedium. Wenn Sie, statt viele Podcast-Folgen unaufmerksam zu hören, wenige intensiv hören und alle anderen gar nicht, bauen Sie mit der Zeit einen unglaublichen Schatz an Wissen auf.

Ich selbst höre die Podcasts von Unkas Gemmeker, Daniela Schumacher, Ben Greenfield, Mark Maslow, Ralf Bohlmann, Marian Zefferer, Carsten Wölffling, Patric Heizmann, Julia Tulipan, Max Gotzler, Dave Asprey. Aber eben längst nicht mehr jede Folge.

Die besten Podcasts für Einsteiger ins Thema Gesundheit und Lebensführung sind die von Patric Heizmann und Daniela Schumacher; beide richten sich vor allem an Frauen, aber lassen Sie sich davon als Mann nicht abschrecken.

Und vor allem: Hören Sie die alten Folgen nach, in denen werden die grundsätzlichen Dinge erstklassig aufbereitet.

Der Großartigste von allen ist Ben Greenfield, aber das ist halt Expertenkost aus Amerika.

(Wenn Sie Lust haben, abonnieren Sie den Newsletter zu diesem Buch. Ich werde dort einzelne Folgen verschiedener Podcasts, die ich für besonders wertvoll halte, empfehlen.)

Warum Sie nicht weniger Stress haben sollten

**Sondern den richtigen.
Und nachher immer unbedingt bewegen!**

Stress ist großartig. Wirklich.

Was wir „Stress" nennen, ist nichts anderes als die geniale Reaktion des Körpers auf einen Ausnahmezustand. Hormone, Herzschlag, Blutdruck, Organe, Atmung, Muskulatur, auf allen Ebenen werden alle Regler hochgefahren – auf ein Level, das uns kurzfristig zu Supermenschen macht.

Stress ist wie Kerosin in die Adern pumpen. Stress macht uns leistungsfähiger, als wir das eigentlich sind. (Dass Mütter die Autos anheben können, unter denen ihre Kinder eingeklemmt waren, ist keine urban legend.)

Wir Menschen haben dieses System kapiert und versuchen, es für uns zu nutzen, indem wir uns künstlich unter Stress setzen (Koffein, Handy-Notifications, kalt duschen). Wir lassen uns unter Stress setzen (verärgerter Chef, liebloser Ehepartner) oder lassen ihn einfach passieren, ohne dass wir ihn bewusst wahrnehmen (Nahrungsmittelunverträglichkeiten, WLAN).

Wir können mit all dem auch ganz gut umgehen.

Was wir dabei vergessen, ist das Wort „kurzfristig". Steht oben. Haben Sie's überlesen?

Hier beginnt das Problem.

Das System Stress ist darauf ausgelegt, ohne Rücksicht auf gesundheitliche Verluste kurzfristige Höchstleistung aus uns zu quetschen.

Sobald schneller flüchten oder entschlossener kämpfen nicht mehr Fragen des Überlebens sind (ob des tatsächlichen Überlebens oder des gefühlten, das macht für unser System keinen Unterschied), dreht der Körper die Regler runter.

Dann können Verdauung, Wundheilung, Zellerneuerung passieren. Also alles, was man nicht braucht, während es um nichts anderes geht, als in der nächsten Minute nicht tot zu sein.

Wir können wunderbar mit jeder Art von Stress umgehen. Wir müssen ihn nur ausgleichen.

Dafür gibt es zwei Möglichkeiten.

Erstens vorbeugend: Wir müssen das tun, was wir „Erholung" nennen oder „Auszeit". Was natürlich katastrophal falsche Bezeichnungen des menschlichen Normalzustands sind. Denn Stress ist, evolutionär gesehen, Ausnahme, nicht Normalität, aber „Lassen Sie sich nicht stressen" werden Sie wohl nicht gelten lassen, wenn Sie Bücher wie dieses lesen.

Zweitens: Nach dem Stress bewegen. Körperlich. Bewegen. Das ist, evolutionär gesehen, auch völlig logisch. Stress hatte immer mit Wegrennen oder Kämpfen zu tun, das haben wir über die Jahrmillionen so verinnerlicht, dass der Abbau der Stresshormone (vor allem Cortisol und Adrenalin) daran geknüpft ist, dass wir uns bewegen.

Rüffel vom Chef gekriegt, nachher einen Kaffee geholt: schlecht. Rüffel vom Chef gekriegt und nachher zehn Kniebeugen gemacht oder einmal um den Häuserblock gelaufen: gut. Noch besser wäre ein knackiges, hochintensives Workout, aber wir wollen Ihren Ruf im Büro nicht überstrapazieren.

Kaffee geht nachher immer noch.

Warum Olympiasieger keine guten Vorbilder sind

(Außer Sie wollen Olympiasieger werden.)

Leistungssport ist eine großartige Lebensschule. Man lernt, sich zu überwinden, man lernt, mit Erfolgen und Misserfolgen umzugehen, man lernt, zwischen Zielen und Wünschen zu unterscheiden, und man beschäftigt sich bewusst mit dem eigenen Körper und seiner Leistungsfähigkeit, man kriegt eine Einschulung im Verständnis von Ursache und Wirkung.

Leistungssport ist großartig.

Aber Leistungssport ist nicht Spitzensport.

Es wäre ein Fehler, sich als Unternehmer, Manager, Freiberufler oder sonstwie beruflich ambitionierter Mensch an den Besten und Unbarmherzigsten unter den Leistungssportlern zu orientieren, an den Spitzensportlern, den Weltmeistern, Olympiasiegern.

Dafür gibt es drei Gründe.

Erstens: Spitzensport besteht aus vielen Jahren der Ausbildung, des Lernens, der Investition. Und aus wenigen Jahren des Erntens.

Das wirft alles über Bord, was mit Nachhaltigkeit zu tun hat. Ein Spitzensportler darf seiner Gesundheit nicht oberste Priorität einräumen, weil er in maximal zehn, fünfzehn Jahren so viel Geld, Ruhm und Lebenswerk zusammenbringen muss wie andere in vierzig oder fünfzig Jahren. Spitzensport ist eine Karriere der verbrannten Erde.

Zweitens: Im Spitzensport geht es nicht darum, gut zu sein. Es geht darum, der Beste zu sein. Nicht einmal die beste Version seiner selbst, sondern die beste Version aller, die denselben Sport betreiben. Der hundertbeste Tennisspieler der Welt kämpft ums wirtschaftliche Überleben, der hundertbeste Motorradrennfahrer muss sich seinen Platz in einem konkurrenzfähigen Team erkaufen, der hundertbeste Skifahrer der Welt ist Skilehrer. (Der fünfhundertbeste Fußballer ist mehrfacher Millionär, was man zu Recht als Ungerechtigkeit empfinden darf.)

Sind Sie Architekt, Rechtsanwalt, Songwriter, Unternehmer, Grafiker, Chirurg, Schauspieler?

Und der weltweit Hundertbeste darin? Ohne Gesundheit, Freundschaften und Familie ruiniert zu haben? Alles richtig gemacht. Freuen Sie sich mit den 99 Besseren.

Drittens: Es ist nicht schön, aber Erbe unserer Evolution: Negative Motivationen treiben uns stärker an als positive. Für den Spitzensportler heißt das: Die Angst vor der Niederlage ist der wirkungsvollere Antrieb als die Freude am Sieg.

Das wissen nicht viele, aber danach leben fast alle.

Das treibt herrlich an, das reibt fürchterlich auf, und deswegen tun Sie's bitte einfach nicht. Denken Sie an Ihre Erfolge, freuen Sie sich auf sie, erfreuen Sie sich an ihnen.

Seien Sie in Ihrem Beruf Leistungssportler, aber überlassen Sie die Olympiasiege ruhig anderen.

Warum Sie keine Erfolgsbiografien lesen sollten …

(außer zum Vergnügen)

Erfolg lässt sich nur sehr unzuverlässig prognostizieren, aber absolut zuverlässig analysieren.

Mit dieser Klarheit, die nur im Rückspiegel klappt, fängt man nur mittelviel an. Auch wenn sich Erzählungen vom Erfolgsweg einzelner herausragend erfolgreicher Personen gerne als schlüsselfertige Anleitungen dafür ausgeben, wie man erfolgreich wird.

Lassen Sie sich von Ihren Spiegelneuronen nicht in die Irre leiten. (Spiegelneuronen sind jene Nervenzellen in Ihrem Gehirn, die Sie dazu bringen, das Verhalten anderer zu imitieren und/oder sich mit jemand anderem zu identifizieren. Erfolgsbiografien und Pornografie verdanken ihren Erfolg der Wirksamkeit der Spiegelneuronen.)

Wenn jemand erzählt, was bei ihm geklappt hat, erzählt er, was bei ihm geklappt hat. Das heißt nicht, dass es bei jemand anderem auch klappen würde. Es heißt nicht einmal, dass es bei ihm selbst noch einmal klappen würde.

Lesen Sie ruhig die Biografien erfolgreicher Menschen. Aber lesen Sie sie als Belletristik, nicht als Sachbuch. Als unterhaltsame Inspiration, nicht als Anleitung.

… und warum auch keine Erfolgsratgeber

(nicht einmal zum Vergnügen)

Die meisten Erfolgsratgeber haben ein Problem: Sie bestehen aus einer genialen Idee, einer wunderbaren These oder einer wertvollen Anregung.

Nämlich leider wörtlich: einer.

Und wenn das Geniale/Wunderbare/Wertvolle erklärt, hergeleitet und argumentiert ist, wenn Erfolgsgeschichten sein weltverbesserndes Potenzial belegt haben, stehen wir auf Seite 25.

Diese Bücher haben allerdings selten unter 200 Seiten. Das heißt, ab ungefähr Seite 26 wird es so redundant, dass bei Bill Murray der Wecker klingelt.

Die Lösung: Blinkist.

Die App komprimiert Sachbücher in 15-Minuten-Audio-Clips. Ein Sachbuch pro Tag gibt es kostenlos. Das Gratis-Buch wird Ihnen von der Redaktion vorgesetzt. Das ist ein Vorteil, weil es Sie dazu anregt, sich Dingen außerhalb Ihrer Komfortzone der Interessen zu widmen und dort glückhafte Zufallsentdeckungen zu machen.

Das Englische widmet dem sperrigen deutschen Terminus „sich Dingen außerhalb der Komfortzone der Interessen widmen und dort glückhafte Zufallsentdeckungen machen" sogar ein eigenes Wort: Serendipity.

Wieso Sie lächeln sollten, gerade wenn es keinen Grund gibt

Es gibt dann nämlich einen Grund.

Sie dürfen sich das Verhältnis von Ihrem Gemütszustand und Ihrer Gestik/Mimik ziemlich genau so vorstellen wie jenes von Motor und Rädern bei einem Auto aus dem vorigen Jahrtausend: Es funktioniert in beide Richtungen.

Ebenso wie man den Motor des Autos in Gang bringen kann, indem man die Räder antreibt, können Sie Ihre Laune durch Körperhaltung und Gesichtsausdruck dirigieren.

Am spürbarsten und erstaunlichsten ist das beim Lächeln. Ihre Stimmung hellt sich einfach dadurch auf, dass Sie ein ehrlich freundliches Lächeln aufsetzen. Auch wenn Ihnen gar nicht danach ist. (Sie probieren es gerade, nicht?)

(Und wenn Sie es nicht probiert haben, haben Sie soeben auf Ihren Gesichtsausdruck geachtet?)

Die Erklärung, sehr vereinfacht: Ihr Gehirn registriert die Bewegungen in Ihrem Gesicht – und da diese Bewegungen an Freundlichkeit und Fröhlichkeit gekoppelt sind, denkt Ihr Gehirn, es gäbe Grund zur Fröhlichkeit, und es werden augenblicklich die entsprechenden Botenstoffe freigesetzt.

Lächeln macht also ebenso glücklich, wie Glücklichsein Sie lächeln lässt.